Doutrina Social da Igreja

SÉRIE PRINCÍPIOS DE TEOLOGIA CATÓLICA

inter
saberes

Doutrina Social da Igreja

Larissa Fernandes Menegatti

Rua Clara Vendramin, 58 . Mossunguê
CEP 81200-170 . Curitiba . PR . Brasil
Fone: (41) 2106-4170
www.intersaberes.com
editora@intersaberes.com

Editora-chefe
Lindsay Azambuja

Gerente editorial
Ariadne Nunes Wenger

Assistente editorial
Daniela Viroli Pereira Pinto

Preparação de originais
Cezak Shoji
Serviços Editoriais

Edição de texto
Floresval Nunes Moreira Junior

Capa e projeto gráfico
Iná Trigo (*design*)
Tatiana Kasyanova/Shutterstock (imagem)

Diagramação
Carolina Perazzoli

Equipe de *design*
Iná Trigo
Laís Galvão dos Santos
Sílvio Gabriel Spannenberg

Iconografia
Célia Regina Tartalia e Silva
Regina Claudia Cruz Prestes

1ª edição, 2018.
Foi feito o depósito legal.

Dados Internacionais de Catalogação na Publicação (CIP)
(Câmara Brasileira do Livro, SP, Brasil)

Menegatti, Larissa Fernandes
Doutrina social da Igreja/Larissa Fernandes Menegatti. Curitiba: InterSaberes, 2018. (Série Princípios de Teologia Católica)

Bibliografia.
ISBN 978-85-5972-686-2

1. Igreja Católica – Doutrina – História 2. Igreja Católica – Aspectos sociais 3. Teologia – Estudo e ensino I. Título. II. Série.

18-13333 CDD-261

Índices para catálogo sistemático:
1. Igreja Católica: Doutrina social 261
2. Doutrina social da Igreja 261

Sumário

As alegrias e as esperanças, as tristezas e as angústias dos
homens e das mulheres de hoje, sobretudo dos pobres e de
todos os que sofrem, são também as alegrias e as esperanças,
as tristezas e as angústias dos discípulos de Cristo. E não há
nada de verdadeiramente humano que não lhes
ressoe no coração.
(Constituição Pastoral *Gaudium et Spes*, n. 1)

Ao meu esposo e companheiro, Rafael Menegatti.

Ao meu filho, Tomás Gabriel, obra-prima
gestada durante a feitura desta obra.

Às mulheres e aos homens de boa vontade, que sonham
e lutam por uma sociedade mais justa e solidária.

Minha gratidão a Deus-Trindade, que me ensina a comunhão no caminho da solidariedade.

Gratidão à minha família, primeiro ninho da construção social.

Gratidão à minha comunidade eclesial, com quem compartilho a fé e o carisma de ser um sinal da presença de Deus no mundo.

Apresentação

Nesta obra, tratamos da Doutrina Social da Igreja, que integra a teologia da moral social. Nosso objetivo é apresentar essa doutrina, seus fundamentos, princípios, valores e linhas de ação no âmbito social, embasados na ótica cristã. A teologia moral pensa as questões sociais tendo como base as prerrogativas do Evangelho e da Tradição como elementos fundamentais da fé. O ensinamento social da Igreja lhe fará conhecer e assimilar a dimensão social da fé cristã como caminho autêntico do seguimento de Jesus Cristo.

Nossa experiência de Deus reside exatamente no encontro com o mundo que nos circunda, no qual habitamos e do qual fazemos parte. Essa experiência não é puramente formal, vazia, abstrata; ela se inscreve nas práticas históricas, nas determinações concretas, nas mediações humanas. Tudo isso brota do mistério da encarnação, de um Deus que se faz história, Deus conosco, e assume integralmente nossa humanidade para redimi-la.

O *Catecismo da Igreja Católica* (CIC, n. 747) enfatiza a competência eclesial para anunciar os princípios morais, sejam eles em âmbito privado, sejam no âmbito social, bem como para julgar realidades e situações que impliquem os direitos fundamentais da pessoa humana. O cristão é chamado a ser um artífice da paz, e sua atuação deve possibilitar que o mundo alcance de modo mais eficaz a justiça, o amor e a paz, propondo sempre um caminho de diálogo e de construção da civilização do amor com todos os homens e mulheres de boa vontade.

Neste livro, pretendemos explicitar sistematicamente a Doutrina Social da Igreja, a fim de que você a conheça, a interprete, a analise e a avalie, integrando criticamente os critérios éticos da fé cristã às questões sociais que nos circundam. Para isso, apresentamos, no primeiro capítulo, os antecedentes históricos da Doutrina Social da Igreja, no intuito de descrever o desenvolvimento da sociedade a partir da Revelação e do pensamento do Magistério, que elucidam eticamente a mensagem social do Evangelho. No segundo capítulo, abordamos a natureza da Doutrina Social da Igreja, interpretando-a com base em sua gênese epistemológica. No terceiro capítulo, desenvolvemos os princípios da Doutrina Social da Igreja, que orientam sua ação e sua reflexão na sociedade. No quarto capítulo, analisamos os principais valores que conferem o suporte, o estofo moral e ético da Doutrina Social da Igreja. No quinto capítulo, propomos a estruturação dos elementos primordiais de uma moral econômica com base na Doutrina Social da Igreja. Por fim, no sexto capítulo, avaliamos o conceito moral de política com base no ensinamento social da Igreja, pautado pelos princípios e valores do Evangelho.

Como você irá perceber, há uma estreita relação entre compromisso social e santidade cristã, ou seja, a dimensão social do Evangelho é uma obrigação para aqueles que querem seguir Jesus Cristo e uma condição para o bem comum de toda a sociedade.

Disponibilizamos o conteúdo desenvolvido nesta obra a todos os católicos, aos cristãos de outras Igrejas e também aos homens e mulheres de boa vontade, que, independentemente de sua profissão de fé, encontram ressonância ética do ensinamento social cristão em suas vidas e que, como a Igreja, aspiram honestamente a um mundo mais justo e solidário.

Bons estudos!

Organização didático--pedagógica

Esta seção tem a finalidade de apresentar os recursos de aprendizagem utilizados no decorrer da obra, de modo a evidenciar os aspectos didático-pedagógicos que nortearam o planejamento do material e como o aluno/leitor pode tirar o melhor proveito dos conteúdos para seu aprendizado.

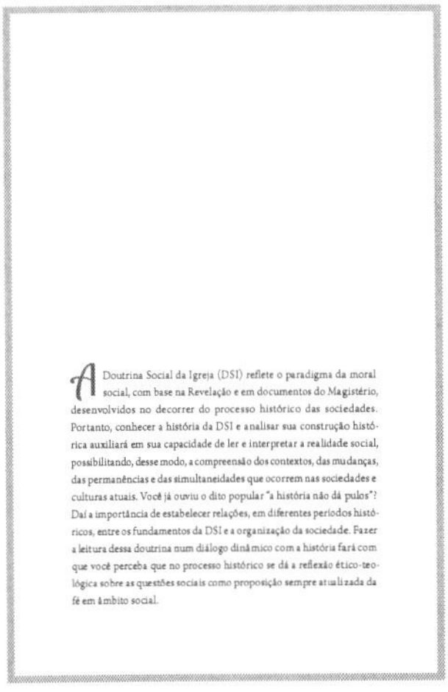

A Doutrina Social da Igreja (DSI) reflete o paradigma da moral social, com base na Revelação e em documentos do Magistério, desenvolvidos no decorrer do processo histórico das sociedades. Portanto, conhecer a história da DSI e analisar sua construção histórica auxiliará em sua capacidade de ler e interpretar a realidade social, possibilitando, desse modo, a compreensão dos contextos, das mudanças, das permanências e das simultaneidades que ocorrem nas sociedades e culturas atuais. Você já ouviu o dito popular "a história não dá pulos"? Daí a importância de estabelecer relações, em diferentes períodos históricos, entre os fundamentos da DSI e a organização da sociedade. Fazer a leitura dessa doutrina num diálogo dinâmico com a história fará com que você perceba que no processo histórico se dá a reflexão ético-teológica sobre as questões sociais como proposição sempre atualizada da fé em âmbito social.

Introdução do capítulo

Logo na abertura do capítulo, você é informado a respeito dos conteúdos que nele serão abordados, bem como dos objetivos que o autor pretende alcançar.

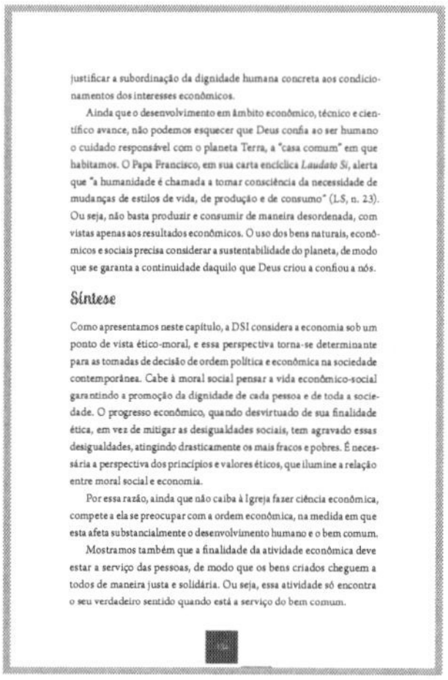

justificar a subordinação da dignidade humana concreta aos condicionamentos dos interesses econômicos.

Ainda que o desenvolvimento em âmbito econômico, técnico e científico avance, não podemos esquecer que Deus confia ao ser humano o cuidado responsável com o planeta Terra, a "casa comum" em que habitamos. O Papa Francisco, em sua carta encíclica *Laudato Si*, alerta que "a humanidade é chamada a tomar consciência da necessidade de mudanças de estilos de vida, de produção e de consumo" (LS, n. 23). Ou seja, não basta produzir e consumir de maneira desordenada, com vistas apenas aos resultados econômicos. O uso dos bens naturais, econômicos e sociais precisa considerar a sustentabilidade do planeta, de modo que se garanta a continuidade daquilo que Deus criou a confiou a nós.

Síntese

Como apresentamos neste capítulo, a DSI considera a economia sob um ponto de vista ético-moral, e essa perspectiva torna-se determinante para as tomadas de decisão de ordem política e econômica na sociedade contemporânea. Cabe à moral social pensar a vida econômico-social garantindo a promoção da dignidade de cada pessoa e de toda a sociedade. O progresso econômico, quando desvirtuado de sua finalidade ética, em vez de mitigar as desigualdades sociais, tem agravado essas desigualdades, atingindo drasticamente os mais fracos e pobres. É necessária a perspectiva dos princípios e valores éticos, que ilumine a relação entre moral social e economia.

Por essa razão, ainda que não caiba à Igreja fazer ciência econômica, compete a ela se preocupar com a ordem econômica, na medida em que esta afeta substancialmente o desenvolvimento humano e o bem comum.

Mostramos também que a finalidade da atividade econômica deve estar a serviço das pessoas, de modo que os bens criados cheguem a todos de maneira justa e solidária. Ou seja, essa atividade só encontra o seu verdadeiro sentido quando está a serviço do bem comum.

Síntese

Você dispõe, ao final do capítulo, de uma síntese que traz os principais conceitos nele abordados.

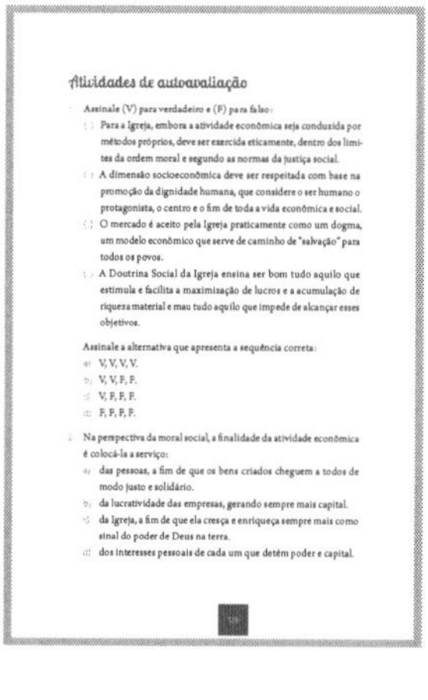

Atividades de autoavaliação

1. Assinale (V) para verdadeiro e (F) para falso:
   ( ) Para a Igreja, embora a atividade econômica seja conduzida por métodos próprios, deve ser exercida eticamente, dentro dos limites da ordem moral e segundo as normas da justiça social.
   ( ) A dimensão socioeconômica deve ser respeitada com base na promoção da dignidade humana, que considere o ser humano o protagonista, o centro e o fim de toda a vida econômica e social.
   ( ) O mercado é aceito pela Igreja praticamente como um dogma, um modelo econômico que serve de caminho de "salvação" para todos os povos.
   ( ) A Doutrina Social da Igreja ensina ser bom tudo aquilo que estimula e facilita a maximização de lucros e a acumulação de riqueza material e mau tudo aquilo que impede de alcançar esses objetivos.

   Assinale a alternativa que apresenta a sequência correta:
   a) V, V, V, V.
   b) V, V, F, F.
   c) V, F, F, F.
   d) F, F, F, F.

2. Na perspectiva da moral social, a finalidade da atividade econômica é colocá-la a serviço:
   a) das pessoas, a fim de que os bens criados cheguem a todos de modo justo e solidário.
   b) da lucratividade das empresas, gerando sempre mais capital.
   c) da Igreja, a fim de que ela cresça e enriqueça sempre mais como sinal do poder de Deus na terra.
   d) dos interesses pessoais de cada um que detêm poder e capital.

Atividades de autoavaliação

Com as questões objetivas que compõem esta seção, você tem a oportunidade de verificar o grau de assimilação dos conceitos examinados, motivando-se a progredir em seus estudos e a se preparar para outras atividades avaliativas.

Atividades de aprendizagem

Leia atentamente o parágrafo 63, no capítulo III, da constituição pastoral *Gaudium et Spes*, do Concílio Vaticano II, que trata dos aspectos da vida econômica.

Com base no que você estudou sobre moral econômica e no texto que acabou de ler, escreva com as próprias palavras seu entendimento sobre a promoção do bem comum no aspecto econômico.

O texto a seguir é um trecho do discurso inaugural do Papa Bento XVI na V Conferência Geral do Episcopado Latino-Americano e do Caribe, que resultou no *Documento de Aparecida*.

Atividades de aprendizagem

Nesta seção, você dispõe de questões cujo objetivo é possibilitar que você analise criticamente determinado assunto e aproxime conhecimentos teóricos e práticos.

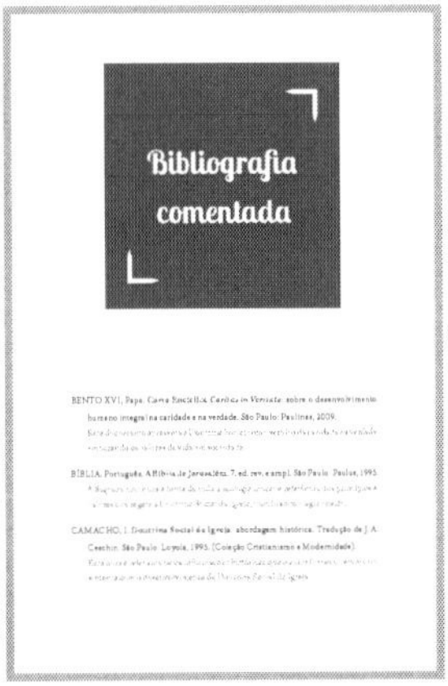

Bibliografia comentada

BENTO XVI, Papa. Carta Encíclica *Caritas in Veritate*: sobre o desenvolvimento humano integral na caridade e na verdade. São Paulo: Paulinas, 2009.

BÍBLIA. Português. A Bíblia de Jerusalém. 7. ed. rev. e ampl. São Paulo: Paulus, 1995.

CAMACHO, I. Doutrina Social da Igreja: abordagem histórica. Tradução de J. A. Ceschin. São Paulo: Loyola, 1995. (Coleção Cristianismo e Modernidade).

Bibliografia comentada

Nesta seção, você encontra comentários acerca de algumas obras de referência para o estudo dos temas examinados.

Introdução

A Doutrina Social da Igreja consiste em uma disciplina integrante da moral social e designa o conjunto de ensinamentos que compõe o pensamento do Magistério da Igreja a respeito das questões sociais. "Esses ensinamentos constituem-se de cartas, encíclicas, exortações, pronunciamentos e declarações que compilam o pensamento social da Igreja no decorrer dos momentos históricos" (CNBB, 2004, p. 13).

O termo *Doutrina Social da Igreja* vem sendo utilizado oficialmente para designar o acervo recente do Magistério social. Tal expressão remonta ao Papa Pio XI, em sua carta encíclica *Quadragesimo Anno* (1931), e "designa o *corpus* doutrinal da Igreja, referente à sociedade que, a partir da Encíclica *Rerum Novarum* (1891), desenvolveu-se na Igreja por meio do Magistério dos Romanos Pontífices e dos Bispos em comunhão com eles" (CDSI, n. 87).

Outras expressões similares têm sido usadas, como *ensinamento social da Igreja*, *pensamento social cristão* ou, ainda, *práxis social de inspiração cristã*. Contudo, o mais importante é entendermos que se trata de um *corpus* doutrinal, baseado na Palavra de Deus, que inclui o senso da práxis e contém os princípios cristãos aplicados à vida social. Para Colom (2006, p. 38), trata-se de uma doutrina intrinsecamente ligada à totalidade da vida e da missão da Igreja, que tem suas raízes na Sagrada Escritura e em todo o patrimônio doutrinal cristão, constituindo parte da vida eclesial desde seu início. No entanto, é recente o caráter orgânico e sintético desse acervo do ensinamento cristão em relação aos problemas econômicos e sociais da atualidade. De acordo com Colom (2006, p. 34),

> todos los valores Morales, incluídos los naturales y los sociales forman parte de la función profética de la Iglesia, que anuncia a los hombres la plena verdad de su ser, de su actuación y de su destino; y recaem bajo la competencia de lo Magistério eclesiástico, ya que son essenciales para conducir la humanidad también en sus dimensiones naturales y sociales, hacia la recapitulación en Cristo.[1]

A Doutrina Social da Igreja consiste, portanto, no posicionamento do Magistério eclesiástico em âmbito social, situando as exigências do Evangelho com as questões que surgem na sociedade. Como afirma o *Compêndio da Doutrina Social da Igreja* (CDSI) (Pontifício Conselho "Justiça e Paz", 2004), "tal doutrina possui uma profunda unidade, que provém da Fé em uma salvação integral, da Esperança em uma justiça plena, da caridade que torna todos os homens verdadeiramente irmãos em Cristo". Considerando os aspectos técnicos dos problemas sociais abordados, a finalidade dessa doutrina consiste em julgar tais problemas na perspectiva da moral social, em vista do bem comum.

1 "todos os valores morais, incluindo os naturais e os sociais, formam parte da função profética da Igreja, que anuncia aos homens a plena verdade de seu ser, sua atuação e seu destino, e recaem sobre a competência do Magistério eclesiástico, uma vez que são essenciais para conduzir a humanidade, também em suas dimensões naturais e sociais, rumo à recapitulação em Cristo" [tradução nossa].

O CDSI (n. 7) esclarece o significado de tal ensinamento da seguinte maneira:

> O cristão sabe poder encontrar na Doutrina Social da Igreja os princípios de reflexão, os critérios de julgamento e as diretrizes de ação donde partir para promover esse humanismo integral e solidário. Difundir tal doutrina constitui, portanto, autêntica prioridade pastoral, de modo que as pessoas, por ela iluminadas, se tornem capazes de interpretar a realidade de hoje e de procurar caminhos apropriados para a ação: "o ensino e a difusão da Doutrina Social fazem parte da missão evangelizadora da Igreja".

Segundo Camacho (1995, p. 9), embora tenham surgido ao longo da história outras expressões similares, como *Magistério Social da Igreja*, *ensino social da Igreja* ou *pensamento social católico*, o termo clássico e mais adequado é *Doutrina Social da Igreja*. A palavra *doutrina* refere-se à sua matriz religiosa, à fé cristã que oferece ensinamentos e princípios para a vida. Já a palavra *social* vem do latim *socialis*, por sua vez, derivada de *socius*, que remete à ideia de *sócio*, *companheiro*, *associado*, remontando, desse modo, ao caráter relacional do ser humano. A palavra *Igreja* – ou, mais especificamente, a expressão *da Igreja* – indica que essa reflexão é atribuída e constituída por uma instituição denominada *Igreja Católica Apostólica Romana*. Esta é compreendida por Romano Guardini, citado por Mondin (1979, p. 84), como princípio de unificação do ser humano, como realidade social, abarcando não apenas agregados numéricos de indivíduos, mas os seres humanos em sua totalidade, os quais, na visão da fé cristã, foram chamados para uma nova vida e um renascimento no dia de Pentecostes.

É nessa perspectiva de Reino que a Doutrina Social da Igreja se torna relevante quanto às questões sociais no mundo atual. Os argumentos desenvolvidos por essa doutrina são apresentados como critérios da moral cristã e respaldam um amplo paradigma social cunhado pelos valores do Evangelho, que consequentemente conferem a ela valor humano e universal. O objetivo dessa doutrina é entender e guiar a vida social à luz da Revelação. Ela sublinha a necessidade do compromisso cristão na sociedade e indica os critérios para aplicar a verdade do Evangelho a esse âmbito.

A tentação de subtrair-nos aos compromissos sociais é um contrassenso aos princípios cristãos, uma vez que "a sociedade humana é objeto da Doutrina Social da Igreja, visto que ela não se encontra nem fora nem acima das pessoas socialmente unidas, mas existe exclusivamente nelas e, portanto, para elas" (CDSI, n. 106). O Papa Francisco nos recorda na exortação apostólica *Evangelii Gaudium:*

> Por conseguinte, ninguém pode exigir-nos que releguemos a religião para a intimidade secreta das pessoas, sem qualquer influência na vida social e nacional, sem nos preocupar com a saúde das instituições da sociedade civil, sem nos pronunciar sobre os acontecimentos que interessam aos cidadãos. Quem ousaria encerrar num templo e silenciar a mensagem de São Francisco de Assis e da Beata Teresa de Calcutá? Eles não o poderiam aceitar. Uma fé autêntica – que nunca é cômoda nem individualista – comporta sempre um profundo desejo de mudar o mundo, transmitir valores, deixar a terra um pouco melhor depois da nossa passagem por ela. (EG, n. 183)

A teologia católica sempre rejeitou a pretensão de que seja possível ter acesso direto, imediato, não mediado, a Deus. De fato, para nós cristãos, não há outro caminho salvífico que não passe por esse dado central da fé cristã. O Catecismo da Igreja Católica (CIC, n. 1878) afirma que o amor ao próximo é inseparável do amor a Deus. A vida social constitui uma exigência antropológica e, "mediante o intercâmbio com os outros, a reciprocidade dos serviços e o diálogo com seus irmãos, o homem desenvolve as próprias virtualidades; responde assim à sua vocação" (CIC, n. 1879).

O que se quer deixar evidente é que o ensinamento social professado pela Igreja é inseparável de sua doutrina sobre a vida humana. O ser humano é, por sua natureza antropológica, um ser social. Esse postulado não é somente de caráter teológico, mas consiste também em pensamento filosófico. Aristóteles (1998, p. 5) afirma a evidência dessa expressão:

> o homem é um animal cívico, mais social do que as abelhas e os outros animais que vivem juntos. [...] nós, porém, temos a mais, senão o conhecimento desenvolvido, pelo menos o sentimento obscuro do bem e do mal, do útil e do nocivo, do justo e do injusto, objetos para a manifestação dos quais nos foi principalmente dado o órgão da fala. Este comércio da palavra é o laço de toda sociedade doméstica e civil.

A Igreja, sendo uma instituição religiosa, nunca pretendeu reduzir o eixo religioso à esfera exclusivamente privada (GS, n. 40), pois isso negaria a verdade fundamental da fé cristã baseada na encarnação do Verbo Divino (Jo 1,14), que implica o compromisso histórico da salvação. Ou seja, a economia da salvação cristã perpassa as questões humanas do mundo concreto.

O Concílio Vaticano II adota uma posição clara a respeito da relação entre a Igreja e o mundo e coloca que:

> As alegrias e as esperanças, as tristezas e as angústias dos homens de hoje, sobretudo dos pobres e de todos aqueles que sofrem, são também as alegrias e as esperanças, as tristezas e as angústias dos discípulos de Cristo; e não há realidade alguma verdadeiramente humana que não encontre eco no seu coração. (GS, n. 1)

O Magistério da Igreja reconhece e ressalta o vínculo estabelecido entre justiça social e evangelização. Na perspectiva cristã, a Igreja tem a missão de oferecer uma moral cujo valor seja universalizável e, assim, contenha autêntico valor humano. Segundo o teólogo Henri de Lubac, citado por (Mondin, 1979, p. 194), o humanismo autêntico implica a dignidade e os valores cristãos, pois a ordem estabelecida por Deus abraça a vida inteira do ser humano, sem excluir a vida pública.

1

Antecedentes históricos[1]

1 Todas as passagens bíblicas indicadas neste capítulo são citações de Bíblia (1995).

A Doutrina Social da Igreja (DSI) reflete o paradigma da moral social, com base na Revelação e em documentos do Magistério, desenvolvidos no decorrer do processo histórico das sociedades. Portanto, conhecer a história da DSI e analisar sua construção histórica auxiliará em sua capacidade de ler e interpretar a realidade social, possibilitando, desse modo, a compreensão dos contextos, das mudanças, das permanências e das simultaneidades que ocorrem nas sociedades e culturas atuais. Você já ouviu o dito popular "a história não dá pulos"? Daí a importância de estabelecer relações, em diferentes períodos históricos, entre os fundamentos da DSI e a organização da sociedade. Fazer a leitura dessa doutrina num diálogo dinâmico com a história fará com que você perceba que no processo histórico se dá a reflexão ético-teológica sobre as questões sociais como proposição sempre atualizada da fé em âmbito social.

Por essa razão, é necessário refletir sobre a DSI com base em seu contexto histórico-social, a fim de que a mensagem social do Evangelho seja atualizada de maneira fidedigna. Mais do que um *corpus doutrinal* cristalizado no tempo e no espaço, a DSI é um organismo vivo que, ante os apelos histórico-sociais, se coloca "numa permanente releitura da mensagem evangélica e de uma constante interpretação dos sinais dos tempos" (CNBB, 2004, p. 43).

Para Camacho (1995, p. 18, grifo do original), a lucidez da fé e da realidade se dá na relação recíproca entre ambas, numa espécie de "**círculo hermenêutico**, que vai da fé à práxis histórica e da práxis histórica à fé". Ele ainda aponta o caráter dinâmico do Evangelho. Para esse autor, "a mensagem cristã não é, pelo menos na percepção que temos dela, a partir de nossa limitada experiência humana, um todo definitivamente possuído, mas sim uma fonte inesgotável que mostra sua fecundidade no contato com as coordenadas variáveis do espaço e do tempo" (Camacho, 1995, p. 18).

Esse dinamismo vivo exige de nós habilidade para atualizar a mensagem do Evangelho para o nosso contexto social, superando, desse modo, uma cosmovisão estática e atemporal da criação e da ação de Deus no mundo, o que nos isentaria do compromisso histórico-social. E isso, meu caro e minha cara, não seria Evangelho! Portanto, como o Papa Francisco nos afirma: "A verdadeira esperança cristã, que procura o Reino escatológico, gera sempre história" (EG, n. 181). Em outras palavaras, não há como fugir da realidade que nos cerca sendo cristãos de verdade.

Por isso, neste primeiro capítulo, vamos explicar o que são os sinais dos tempos e como discerni-los à luz do Evangelho; depois, trilharemos os antecedentes históricos do ensinamento social da Igreja, desde a Antiguidade até o advento da modernidade. A seguir, traremos alguns aspectos sociais que se impuseram com a chegada da Revolução Industrial, a partir do século XVIII; e, já no século XIX, veremos os efeitos econômicos sobre a sociedade na relação de trabalho. Tudo isso para chegarmos aos acenos históricos da DSI como posicionamento oficial do Magistério em relação às questões sociais presentes na época.

1.1 Como discernir os "sinais dos tempos"

Deus se revela como amor intervindo na história, que não é sagrada nem profana, mas sacramental. Ela não é sagrada porque sacralizar a história nos impediria de reconhecer a existência de acontecimentos e fenômenos que não são genuinamente da vontade de Deus, mas que, ao contrário, ferem profundamente seu coração de Pai. O que dizer, por exemplo, das atrocidades da Segunda Guerra Mundial (1939-1945), que sacrificou a vida de dezenas de milhões de pessoas? Bento XVI, em visita aos campos de concentração nazista em Auschwitz, expressou seu sentimento sobre esse local histórico como lugar abominável:

> lugar de horror, de acúmulo de crimes contra Deus e contra o homem sem igual na história, é quase impossível e é particularmente difícil e oprimente para um cristão, para um Papa que provém da Alemanha. Num lugar como este faltam as palavras, no fundo pode permanecer apenas um silêncio aterrorizado, um silêncio que é um grito interior a Deus: Senhor, por que silenciaste? Por que toleraste tudo isto? (Bento XVI, 2006)

Bento XVI finaliza suplicando ao Deus da vida para que jamais permita uma coisa semelhante. Considerando isoladamente esse fato, poderíamos dizer que a história é profana e não há nada de Deus nela. O conceito de profano considera o espaço e o tempo como homogêneo e neutro, sendo também entendido como *indiferente*. Sendo assim, podemos dizer que os acontecimentos históricos são meramente neutros, homogêneos e indiferentes? Essa cosmovisão histórica paralisaria qualquer intervenção e compromisso social e nos dispensaria da responsabilidade pela transformação do mundo. Definitivamente, seria um contrassenso ao Evangelho de Jesus Cristo. Por esse motivo, não podemos dizer que a história é profana. É necessário superar a visão de que existem duas histórias antagônicas: uma sagrada e outra profana. Há, na verdade, uma única história, marcada pela ambiguidade humana e cheia de paradoxos. É exatamente nessa história que Deus se revela, marcando sua presença, caminhando conosco, de modo ora evidente, ora sutil e imperceptível aos nossos olhos. Para Queiruga (1999, p. 61), a fé bíblica não é invenção de laboratório, mas nasce da vida humana real, concreta e contraditória, e sua dimensão salvífica passa pelo devir histórico.

Na perspectiva cristã, a história tem uma dimensão sacramental uma vez que o mistério pascal de Cristo se realiza na complexa trama da vida humana, dos povos, das culturas e do cosmos como um todo. Por suas mediações, o ser humano deve perscrutar, discernir, interpretar a presença de Deus. Segundo Alfonso García Rubio (2001, p. 389), "é nesta história concreta com toda a sua ambiguidade e seus desafios, que a comunidade eclesial e cada um dos seus membros responde à interpelação do Deus salvador-criador".

Toda experiência humana se faz enquanto povo na história, pois a nossa espécie não foi criada para ser individualidade isolada, mas constituir-se humanidade. A historicidade, nessa perspectiva, faz-nos conhecer o modo singular de existir dos homens e, ao mesmo tempo, faz-nos entender que a experiência humana torna possível "a existência da história humana" (Rubio, 2001, p. 390).

O teólogo Marie-Dominique Chenu contribuiu com o Concílio Vaticano II desenvolvendo categorias significativas, como a **teologia das realidades terrestres**[2], que trata dos "sinais dos tempos". Esses sinais corroboram o dinamismo histórico como "a história da salvação na história humana", partindo de um eixo central da fé cristã: a encarnação de Jesus Cristo (Mondin, 1979, p. 123). Para ele, tais sinais o são de fato quando os significados dos acontecimentos e fenômenos não são colocados de modo justaposto, mas sim encarnados na realidade histórica (Mondin, 1979). Ou seja, a leitura evangélica dos acontecimentos não é autêntica quando abstrai a realidade terrestre para espiritualizar esses acontecimentos.

> É em si mesmos, em sua plena e própria densidade que eles são sinais. É em sua realidade que a Igreja lê uma aptidão a tornar-se objeto do apelo do Evangelho e sujeito da graça. É preciso respeitá-los, ousaria dizer, e não puxá-los apologeticamente para o nosso lado. É preciso ouvi-los segundo as suas leis, sem uma sobrenaturalização prematura que imediatamente se transformaria em mistificação. (Mondin, 1979, p. 139)

O Magistério da Igreja procura discernir os "sinais dos tempos", marcados pelos acontecimentos históricos e pelas mudanças culturais, interpretando-os à luz do Evangelho, que ilumina as novas realidades sociais de cada momento. Esse é o critério eclesial de leitura dos sinais dos tempos, ou seja, não se trata de um método de adivinhação do futuro, baseado em mera intuição, mas se fundamenta em um olhar atento sobre o processo histórico.

Saber ler os sinais dos tempos implica identificar, na história dos povos e das culturas, elementos que, sob o crivo da fé que abraça toda a criatura, apontam o seu devir.

---

2 A categoria das realidades terrestres marcou a perspectiva da constituição pastoral *Gaudium et Spes* (GS), que trata a relação entre a Igreja e a sociedade. O parágrafo 36 desse documento trata exclusivamente da "autonomia das realidades terrestres".

Para Colom (2006, p. 14), o desígnio do Criador para o ser humano inclui a vida social (Gn 2,18). Nesse sentido, a DSI não é um apêndice do Evangelho, mas constitui elemento integrante e indispensável da fé. Isso significa relacionar todos os espaços privados e públicos à vida de fé, como consequência da consciência histórico-social que temos de assumir como cristãos.

Assim, inevitavelmente, "o seguimento de Jesus Cristo para ser genuíno e autêntico exige participação ativa no trabalho de transformação da sociedade" (CNBB, 2004, p. 16). Sendo assim, o que muitas vezes pensamos ser apêndice da vida cristã consiste, na verdade, no âmago efetivo da fé, como transbordamento consequente da tomada de consciência do seguimento de Jesus Cristo.

Até aqui enfatizamos a importância de saber fazer a leitura dos "sinais dos tempos". Vejamos agora como a DSI vai se construindo ao longo do desenvolvimento da sociedade. Cabe aqui, mais uma vez, dizer que o discernimento da Igreja sobre as questões sociais se atualizam no tempo, numa dinâmica fiel ao Evangelho, que oferece parâmetros fundamentais para cada momento histórico, de modo sempre novo e criativo.

1.2 Antecedentes históricos

As questões sociais sempre acompanharam a história da humanidade. Isso se dá pela dimensão relacional e social da espécie humana. E, por lidarmos com humanidades, tratamos de singularidades que diferem entre si, mas que têm, cada uma, sua dignidade, cujo peso não está no *status* econômico, estético, cultural, sexual ou de qualquer outra diferenciação, mas em ser pessoa, à imagem e semelhança de Deus.

Desse modo, sempre houve demandas oriundas da realidade social. Sabemos que a história é marcada por mudanças culturais, climáticas, políticas e econômicas que influenciam a vida dos povos. Independentemente da forma de governo pela qual se exerce a chefia de um Estado – tribalismo, monarquia, república – ou dos sistemas pelos quais os governos se organizam – monocrático, presidencialismo, parlamentarismo –, as questões sociais estão presentes em graus maiores ou menores, dependendo também das características do regime político estabelecido – autoritarismo, democracia, ditadura ou totalitarismo.

Enfim, o contexto histórico-social e político, o qual sempre envolve e implica a vida de um povo, sua dignidade humana e o bem comum, também se apresenta como questão pertinente à Igreja. A abordagem sociológica de um fato histórico é também uma abordagem histórica, pois não se contenta em descrever as ações dos grupos sociais dominantes, mas também a realidade total de um povo. Por exemplo, no estudo dos textos bíblicos, precisamos considerar os vários âmbitos da situação enfocada, como o contexto econômico, social, político e religioso.

Jesus não se esquivou dos dilemas sociais de sua época. Tanto nas bem-aventuranças (Mt 5,1-12; Lc 6,20-23) quanto nos "ai de vós" (Mt 23,13-32; Lc 11,39-48.52), Jesus vincula a importância da coerência religiosa e social. As primeiras comunidades cristãs assimilaram desde o início a questão social como uma dimensão intrínseca ao Evangelho. A Igreja testemunhou sua doutrina social com as obras, e sobre estas não faltaram reflexões doutrinais por parte dos Padres da Igreja, que, nos mais variados momentos históricos, buscavam fazer a leitura da situação social numa ótica cristã e, nessa perspectiva, propor uma solução aos problemas que se apresentavam.

Com raízes na Sagrada Escritura, especialmente no Evangelho e nos escritos apostólicos, a doutrina social tomou forma e corpo com o pensamento dos Padres da Igreja e dos grandes doutores da Idade Média, constituindo uma doutrina que, mesmo sem pronunciamentos explícitos e diretos do Magistério eclesial, foi, pouco a pouco, obtendo reconhecimento, por parte da Igreja, como um corpo doutrinal de ensinamentos.

Para ilustrar a força do pensamento social na Igreja Antiga, citamos o exemplo de São João Crisóstomo (349-407), apelidado de "Boca de ouro", natural de Antioquia, na Síria, que foi bispo de Constantinopla (Santos, 2014). Seu trabalho pastoral se dirigiu à formação do clero e à vida social como um todo, provocando, por vezes, fortes atritos ao denunciar a incoerência na vivência da fé.

Durante o episcopado de São João Crisóstomo, tanto as lideranças religiosas quanto as civis se encontravam entregues à ambição e à avareza, e o bispo exigia deles integridade e simplicidade evangélica para a autenticidade de sua vocação e missão. Em muitas de suas homilias, ele pregava com veemência em favor de uma vida social coerente com o Evangelho. Em seus comentários ao Evangelho de Mateus, ele exortava o povo a honrar o corpo de Cristo, que passa fome e se encontra nu entre os pobres:

> Tu vais participar da eucaristia? Então, não humilhes teu irmão. Não desprezes o faminto... Quê? Tu fazes memória de Cristo e desprezas o pobre? Tu não ficas horrorizado? Bebeste o Sangue do Senhor e não reconheces teu irmão? Ainda que o tenhas desconhecido antes, deves reconhecê-lo nesta mesa... Tu, que recebeste o pão da vida, não faças obra de morte. (Ribeiro e Silva, 2009)

No contexto histórico social de Constantinopla, onde Crisóstomo viveu, era predominante o clima de ambição política, injustiça e corrupção moral. Por causa de seu profético testemunho e de suas palavras, ele sofreu hostilidades por parte de muitas lideranças, embora tivesse o apreço e o respeito da maioria do povo. Falava também de forma contundente contra o abuso da riqueza e das propriedades pessoais:

> Tu, que revestes tua cama de prata e de ouro o teu cavalo, se te pedirem conta e explicações de tanta riqueza, que razão alegarás? Quando tu já estiverdes [sic] morto, as pessoas que passarem diante de teu palácio, vendo o tamanho e o luxo, dirão ao seu vizinho: 'ao preço de quantas lágrimas foi edificado este palácio?

> De quantos órfãos deixados nus? De quantas viúvas injustiçadas? De quantos operários espoliados de seu salário?' Sim, nem morto escaparás das acusações. (Ribeiro e Silva, 2009)

Sua postura e suas palavras tiveram como consequência uma perseguição por parte da corte e do clero, em especial pela imperatriz Eudóxia, que liderou sua condenação ao exílio por duas vezes, sendo que foi na segunda dessas condenações que ele veio a falecer, no ano de 407. Esse é um exemplo de como a fé cristã impactou o contexto histórico-social de Constantinopla nos séculos IV e V.

Na Idade Média, a noção de *fé* também permaneceu ligada à dimensão social. Por exemplo, vemos São Tomás de Aquino desenvolvendo o conceito de **justiça** para além do espaço privado espiritual. A ideia de **direito natural** dará bases posteriores aos direitos fundamentais. Sua reflexão teológica baseada no Evangelho e na filosofia aristotélica implicava posicionamentos com relação às questões sociais, sem divisão de momento, mas com profundidade e amplitude tais que ele assimilava o comprometimento da fé ao âmbito social e político em vista do bem comum (Tomás de Aquino, 1980).

Em séculos posteriores ocorreu certa decadência do vínculo entre fé e vida, e as questões sociais foram se distanciando dos interesses eclesiais dos cristãos. A relação entre Igreja e Estado, marcada historicamente por momentos de junção, sofreu uma forte ruptura que, embora tenha provocado choques e cisões, contribuiu para o processo de purificação da relação da Igreja com a sociedade e sua missão no mundo, que culminou com o Concílio Vaticano II.

Atualmente, o conceito de *laicidade* do Estado é, por vezes, mal interpretado e reduzido a um laicismo militante. Por exemplo, o Brasil é um Estado laico. Isso significa efetivamente que nenhuma religião tem prioridade sobre as outras e que o Estado não pode apoiar nem impedir suas práticas religiosas. A Constituição Federal Brasileira de 1988, no art. 19, diz o seguinte:

> Art. 19. É vedado à União, aos Estados, ao Distrito Federal e aos Municípios:
> I – estabelecer cultos religiosos ou igrejas, subvencioná-los, embaraçar-lhes o funcionamento ou manter com eles ou seus representantes relações de dependência ou aliança, ressalvada, na forma da lei, a colaboração de interesse público. (Brasil, 1988)

Assim, é importante distinguir claramente Igreja e Estado e, ao mesmo tempo, enfatizar que ambos prezam pelo bem comum. Isso melhora o entendimento sobre a atuação de cada uma dessas entidades no contexto político social e como elas influenciam em seus direitos e deveres.

Como vimos nesta seção, o processo histórico da Igreja apresenta, desde seu início, o ensinamento social como elemento constitutivo da fé. A seguir, veremos que a época posterior será marcada por profundas transformações sociais e políticas, e a Igreja se posicionará sistematicamente como instituição por meio do seu Magistério, manifestando claramente seu ensinamento social.

1.3 Revolução Industrial a partir do século XVIII

A Revolução Industrial iniciada na Inglaterra marcou o século XVIII, caracterizado por grandes mudanças tecnológicas na área dos transportes e maquinários, que aceleraram os sistemas de produção e implantaram um novo método de divisão social do trabalho. Segundo Marques, Berutti e Faria (2005, p. 27), "esta revolução completou a transição do feudalismo ao capitalismo, pois significou o momento final do processo de expropriação dos produtores diretos". Esses autores ainda colocam que:

> O modo de produção capitalista pode ser caracterizado pela introdução da maquinofatura e pelas relações sociais de produção assalariadas. Tais relações passaram a predominar a partir do momento em que houve a separação definitiva entre capital e trabalho, reflexo direto da industrialização. (Marques; Berutti; Farias, 2005, p. 27)

Os britânicos foram pioneiros na Revolução Industrial por alguns fatores geográficos: suas terras continham grandes reservas de carvão mineral e minério de ferro, ambos matéria-prima utilizada nos novos maquinários, nas locomotivas a vapor e outros que favoreciam a produção e o crescimento das indústrias. Havia também uma grande massa de trabalhadores à procura de emprego, portanto, uma vasta mão de obra disponível para trabalhar nas fábricas.

As máquinas a vapor revolucionaram o modo de produzir. Elas passaram a substituir o ser humano em algumas atividades, gerando alto índice de desemprego e, ao mesmo tempo, exigiram outro tipo de mão de obra para operar as máquinas. Isso baixou o preço das mercadorias e acelerou o ritmo de produção.

Assim, a nova relação entre capital, produção e trabalho rompeu completamente com a organização corporativa estabelecida pelos agricultores e artesãos do período anterior. Nesse novo cenário paradoxal, "ao mesmo tempo em que aumentava a produtividade do trabalho, podia-se observar um extraordinário crescimento nas fileiras do proletariado, submetido a dramáticas condições de vida" (Marques; Berutti; Faria, 2005, p. 27).

No contexto da Revolução Industrial, as fábricas não apresentavam um ambiente favorável aos trabalhadores. O filme *Tempos modernos*, de 1936, produzido e dirigido por Charlie Chaplin, retrata um personagem tentando sobreviver em meio ao mundo moderno e industrializado. O filme faz uma forte crítica ao capitalismo industrial e retrata a condição bizarra dos empregados nas grandes fábricas.

As condições das fábricas eram precárias, tendo ambientes com péssima iluminação, abafados e sujos. Os salários dos trabalhadores eram muito baixos e as jornadas de trabalho eram exaustivas, chegando a 18 horas por dia. Nesse contexto industrial, as fábricas empregavam o trabalho infantil e feminino, sem critério algum de cuidado. Era comum acontecer de mulheres grávidas trabalharem até o dia do parto.

O novo sistema de mecanização se estendeu a vários setores, desde a área têxtil até a metalurgia, os transportes e, inclusive, a agricultura, tomando ainda outros setores da economia. Esse cenário, inaugurado na Inglaterra, começou a se expandir para outros países da Europa e, posteriormente, para outros continentes, como consequência dos avanços tecnológicos.

Paradoxalmente, um número restrito de pessoas usufruía economicamente dos lucros obtidos nas fábricas – os donos e os investidores de capital – e um grande número de pessoas que trabalhavam nelas como assalariadas empenhava-se exaustivamente na produção das mercadorias, sem ter acesso à participação nos lucros e privados de direitos trabalhistas.

Assim, o modelo de produção estabelecido pela burguesia industrial gerava a multiplicação do seu capital à custa da exploração de uma grande massa de assalariados, desencadeando uma série de descontentamentos sociais que, consequentemente, exigiriam uma resposta urgente de cunho ético-moral.

1.4 Mudanças econômicas do século XIX

O século XIX foi marcado pela consolidação da sociedade moderna nos campos político, econômico e cultural. A nova organização política, orquestrada pela ideologia liberal, buscava defender o indivíduo da mão pesada do poder estatal. Economicamente, as mudanças sobre a ideia de *riqueza* e de *capital* eram intensas. Segundo Camacho (1995), três fenômenos aconteceram paralelamente e devem ser considerados um a um: a industrialização, o capitalismo e o liberalismo.

A **industrialização** é um fenômeno técnico, desencadeado por descobertas tecnológicas. Com o advento da produção industrial, as relações entre os donos das fábricas (senhores do capital) e os assalariados (proletariado) ocasionaram fortes mudanças na ordem econômica. Essas mudanças tiveram consequências sociais, políticas e culturais dilacerantes:

> Na sociedade antiga, o trabalho, sendo pouco produtivo (só podia contar com uma maquinaria rudimentar e de pouca eficiência), permitia obter apenas os produtos elementares para a subsistência: limitava-se a explorar os recursos naturais, sem nenhuma possibilidade de transformá-los. À medida que o trabalho cresce em produtividade, essa exploração dos recursos naturais pode ser levada a cabo com uma parte proporcionalmente cada vez menor da população trabalhadora, dedicando o resto à transformação ulterior desses recursos. (Camacho, 1995, p. 35)

Esse período apresentava um ritmo acelerado de produção, de crescimento de capital e, consequentemente, do lucro econômico dos donos das fábricas, o que nos leva a refletir sobre o segundo dos fenômenos mencionados anteriormente: o **capitalismo**. Quando se fala de *capital*, não se fala de riqueza equitativa. O antigo sistema feudal, por exemplo, também tinha ricos aristocratas; então a novidade do capitalismo não são as riquezas, mas sim a ideia de o capital gerar mais capital, mais lucro pela produtividade.

A nova ordem econômica influenciou o crescimento urbano, o êxodo rural (que deu origem à formação da nova classe operária – o proletariado) e o surgimento da burguesia industrial. Diante desse cenário, "os acontecimentos ligados à Revolução Industrial subverteram a secular organização da sociedade, levantando graves problemas de justiça e pondo a primeira grande questão social, a questão operária, suscitada pelo conflito entre capital e trabalho" (CDSI, n. 88).

Houve, então, um rompimento com a rigidez estabelecida pelos sistemas medievais, concentrados nos ambientes rurais, o que possibilitou o surgimento de um novo sistema de vida com o crescimento das cidades, a burguesia urbana e os intercâmbios comerciais. Foi do enriquecimento rápido dos burgueses que nasceu o capitalismo comercial. Também foram eles que financiaram a criação e a construção de grandes máquinas para a indústria, dando lugar ao capitalismo industrial.

Todas essas inovações ampliaram o contato entre culturas, por meio do comércio, e permitiram a reorganização entre espaço e tempo na relação com o capitalismo. O Estado passou a atuar cada vez mais na economia, como regulador das crises econômicas e do mercado. Esse enfoque econômico se tornou prioritário nas decisões governamentais e serviu como pano de fundo para as principais mudanças políticas na sociedade.

Em síntese, o sistema capitalista consolidou-se pela organização socioeconômica centrada no capital de pessoas privadas, as quais, com foco na produtividade rentável, contratavam mão de obra provinda do campo para a cidade, em troca de um salário fixo (Camacho, 1995). E os novos operários, com foco na sua subsistência, foram inseridos num novo sistema de produção, baseado no desenvolvimento tecnológico e econômico das fábricas, e obrigados a se submeter a longas jornadas de trabalho, inclusive mulheres e crianças.

Esse cenário foi marcado pela mentalidade liberal burguesa de lucro econômico, que enxergava a riqueza como fonte de produção de mais riqueza. O **liberalismo** ideológico que surgiu nessa época voltou-se para o ser humano como indivíduo, valorizando a liberdade individual e conferindo aos indivíduos um caráter menos solidário e mais competitivo.

Serve para exemplificar essa mudança da solidariedade para a insolidariedade a imagem diferente que o pobre tem em um mundo e no outro. No antigo, ele é um ser ao qual [sic] a sorte e o destino (Deus?) colocaram nessa condição; para a ideologia liberal, o pobre é, em primeiro lugar, um ser humano que renunciou a trabalhar e a promover-se; além do mais, e com a passagem do tempo transforma-se em uma ameaça para a sociedade. (Camacho, 1995, p. 38)

Como você pode ver, embora os pobres sejam personagens da história desde muito tempo, no contexto da ideologia liberal eles são vistos de uma nova maneira. O conceito de igualdade aparece ligado à ilusória ideia de que cada indivíduo pode alcançar a riqueza, desde que tenha força de vontade, espírito empreendedor e disposição para trabalhar. Tais concepções servirão de justificativa para o fato de haver ricos e pobres na sociedade.

Ante esse contexto, o que dizer da classe operária, do proletariado, que trabalhava intensamente nas fábricas para enriquecer seus patrões e viver com baixos salários e sem acesso a direitos?

Diante desse quadro, a Igreja se sentiu desafiada a intervir de modo novo, pois tais mudanças exigiram uma especial solicitude pastoral para com as ingentes massas de homens e mulheres. Era necessário um discernimento renovado da situação, apto a delinear soluções apropriadas para problemas insólitos e inexplorados.

1.5 Doutrina Social da Igreja e seus acenos históricos

Todas as mudanças sociais decorrentes da industrialização, do capitalismo e do liberalismo influenciaram também na posição da Igreja em relação à sociedade. Nesse contexto, surgiu a encíclica *Rerum Novarum* (1891), do Papa Leão XIII, que se posicionou diante das questões sociais.

Ela deu início a um novo caminho: inserindo-se numa tradição plurissecular, assinalou um novo início e um desenvolvimento substancial do ensinamento eclesial no campo social.

De acordo com Camacho (1995, p. 51), a encíclica *Rerum Novarum* é ponto de referência para outros documentos que surgiram posteriormente, como a *Quadragesimo Anno*, comemorativa aos 40 anos da *Rerum Novarum*; a *Mater et Magistra*, comemorativa aos seus 70 anos; a *Octogesima Adveniens*, comemorativa aos seus 80 anos; a *Laborem Exercens*, celebrativa aos seus 90 anos e, por fim, a *Centesimus Annus*, celebrando seu centenário.

A solicitude social da Igreja não teve início somente a partir da *Rerum Novarum*, pois, como afirma o *Compêndio da Doutrina Social da Igreja*, esta jamais desinteressou-se das questões sociais. "Em sua contínua atenção ao ser humano na sociedade, a Igreja acumulou ao longo do tempo um rico patrimônio doutrinal" (CDSI, n. 87). Com o Papa Leão XIII, a Igreja procurou, já nessa primeira encíclica social, colocar-se efetivamente em favor dos mais atingidos pela industrialização e pela ideologia liberal, os operários.

> Em todo o caso, estamos persuadidos, e todos concordam nisto, de que é necessário, com medidas prontas e eficazes, vir em auxílio dos homens das situações de infortúnio e de miséria imerecida. O século passado destruiu, sem as substituir por coisa alguma, as corporações antigas, que eram para eles uma proteção; os princípios e o sentimento religioso desapareceram das leis e das instituições públicas, e assim, pouco a pouco, os trabalhadores, isolados e sem defesa, têm-se visto, com o decorrer do tempo, entregues à mercê de senhores desumanos e à cobiça duma concorrência desenfreada. (RN, n. 2)

Após três décadas, no pontificado de Pio XI, surgiu um novo panorama social marcado por certa crise do capitalismo liberal: o estabelecimento do socialismo em alguns países e a ascensão dos totalitarismos nacionais até desembocar na Segunda Guerra Mundial. É por essa razão que o Magistério da Igreja, por meio da encíclica *Quadragesimo Anno*, posicionou-se contra a ditadura capitalista e os regimes socialistas, condenando tanto o nazismo, em *Mit Brennender Sorge*[3], quanto o comunismo, em *Divini Redemptoris*.

Foi Pio XII quem estabeleceu de modo mais propositivo as bases de uma nova ordem social, cujas decisões governamentais deveriam ser pautadas em princípios morais e inspiradas no respeito à dignidade humana (Camacho, 1995). Tal contribuição influenciou toda a DSI após o Concílio Vaticano II, que procurou se empenhar num compromisso mais criativo de transformação social. Essa resposta eclesial mais comprometida e criativa foi exigida pelo novo cenário marcado por profundas transformações culturais e econômicas:

> A nova atitude do homem moderno diante do religioso e de suas diferentes expressões constitui um dos principais centros de atenção do concílio. Qual o papel da Igreja numa sociedade que renunciou à sua estrutura vertical e à homogeneidade que lhe outorga um universo religioso comum, para adotar os traços do secularismo e do pluralismo? Como se situam os crentes em uma sociedade assim configurada? (Camacho, 1995, p. 24)

Assim, as indagações levantadas exigem da Igreja uma nova postura dialógica e propositiva em sua relação com a sociedade e com o ser humano em si. Seu campo de interesse e de reflexão se amplia nesse contexto e, de certa forma, contribui para que a Igreja se converta na voz daqueles que não a têm, em um mundo de crescente desigualdade, contraposto aos grandes desenvolvimentos econômicos sociais.

3 *Mit brennender Sorge* ("Com ardente preocupação") é uma carta encíclica do Papa Pio XI, de 1937, que condena o nacional-socialismo e o racismo. A encíclica foi publicada dias antes de *Divini Redemptoris*, uma condenação similar ao comunismo na Rússia. *Mit brennender Sorge* é considerada o primeiro documento público de um chefe de Estado europeu a criticar o nazismo.

Síntese

Até agora, você pôde verificar que a Doutrina Social da Igreja é disciplina integrante da moral social e designa o conjunto de ensinamentos que compõe o pensamento do Magistério da Igreja em relação à questão social. Como observamos, ela procura discernir os "sinais dos tempos", interpretando-os à luz do Evangelho. A compreensão desses sinais, elucidados pelos princípios cristãos, decorrem de uma leitura sempre atual do ensinamento social da Igreja.

Embora tal ensinamento já estivesse presente nas páginas do Evangelho, nas primeiras comunidades cristãs e na Igreja Antiga, um momento histórico marcou sistematicamente o pensamento social por meio do seu Magistério. Neste capítulo, você pôde observar que a expressão *doutrina social* remonta a Pio XI e designa o *corpus* doutrinal relativo às questões sociais que, desde a encíclica *Rerum Novarum* (1891), de Leão XIII, se desenvolveu na Igreja por meio do seu Magistério.

Tomar conhecimento dos antecedentes históricos que compõem a Doutrina Social da Igreja o auxiliará a compreendê-la e interpretá-la, considerando seus textos e posicionamentos de acordo com as circunstâncias histórico-sociais. Por esse motivo, procuramos apresentar a você a maneira como, a partir do século XVIII, as transformações tecnológicas, econômicas, culturais e sociais se deram na trama da história, exigiram respostas para as perguntas emergentes e despertaram a atenção da Igreja, que, dessa forma, foi desafiada a intervir na sociedade de modo a delinear soluções apropriadas aos problemas vigentes.

Atividades de autoavaliação

1. Indique se as afirmações a seguir são verdadeiras (V) ou falsas (F):
   ( ) A Doutrina Social da Igreja integra o paradigma da moral social, com base na Revelação e nos documentos do Magistério no desenrolar histórico da sociedade.

( ) O Magistério da Igreja reconhece e ressalta o vínculo estabelecido entre justiça social e evangelização.

( ) Não é missão da Igreja propor uma moral em âmbito social, apenas em âmbito pessoal espiritual.

( ) A Doutrina Social da Igreja é viva e dinâmica e, ante os apelos histórico-sociais, coloca-se numa permanente releitura da mensagem evangélica.

Assinale a alternativa que apresenta a sequência correta:

a) V, V, F, F.
b) V, V, F, V.
c) V, F, V, V.
d) F, F, V, V.

2. Ao desenvolver as categorias da teologia das realidades terrestres e abordar a importância de saber discernir os "sinais dos tempos", o Concílio Vaticano II quis ensinar aos fiéis que:

I. os "sinais dos tempos" o são de fato quando os significados dos acontecimentos e fenômenos não são colocados de modo justaposto, mas sim encarnados na realidade histórica.
II. a leitura evangélica dos acontecimentos só é autêntica quando abstrai a realidade terrestre para espiritualizá-los.
III. o critério eclesial de leitura dos sinais dos tempos consiste num método de adivinhação do futuro, como mera intuição do momento.

Assinale a alternativa correta:

a) Todas as afirmativas estão corretas.
b) Somente as afirmativas II e III estão corretas.
c) Somente a afirmativa I está correta.
d) Somente as afirmativas I e III estão corretas.

3. Ao apresentarmos os antecedentes históricos que pressupõem o ensinamento social da Igreja desde seu início, comentamos que a dimensão social do Evangelho não é um apêndice da vida cristã, mas consiste no âmago efetivo da fé, como transbordamento consequente da tomada de consciência do seguimento de Jesus Cristo. No texto, destacamos como exemplo disso o testemunho de um padre da Igreja Antiga, que foi:
   a) São Pedro Crisólogo, bispo de Alexandria.
   b) São Tomás de Aquino.
   c) São João Batista, precursor de Jesus.
   d) São João Crisóstomo, bispo de Constantinopla.

4. O século XIX foi marcado pela consolidação da sociedade moderna nos âmbitos político, econômico e cultural. A nova organização política orquestrada pela ideologia liberal buscou defender o indivíduo do poder estatal. Economicamente, as mudanças foram intensas sobre a ideia de *riqueza* e *capital*. Três fenômenos ocorreram paralelamente: a industrialização, o capitalismo e o liberalismo. De acordo com o que você estudou neste capítulo a respeito das mudanças econômicas do século XIX, analise as seguintes afirmativas:
   I. A industrialização é um fenômeno desencadeado por descobertas tecnológicas. Com o surgimento das fábricas e das relações entre seus donos, senhores do capital, e os assalariados, mão de obra da produção, desencadearam-se fortes mudanças de ordem econômica.
   II. A industrialização caracterizou-se como um fenômeno tecnológico que propiciou aos donos das fábricas e a seus operários progredir juntos rumo ao crescimento econômico.
   III. O capitalismo rompeu com o antigo sistema feudal, proporcionando o acesso ao capital econômico por meio da produção, de

forma equitativa, tanto para os donos das fábricas quanto para os trabalhadores assalariados.

IV. O fenômeno do capitalismo não está na aquisição da riqueza em si, mas na ideia de que é capaz de gerar mais capital, tendo em vista o lucro para os donos das fábricas.

V. O fenômeno do liberalismo volta-se para o ser humano como indivíduo, valorizando sua liberdade individual, imprimindo na sociedade aspectos menos solidários e mais competitivos.

VI. O fenômeno do liberalismo favoreceu o crescimento econômico de todas as pessoas; esse crescimento depende das escolhas pessoais, pois o sucesso financeiro advém exclusivamente da dedicação de cada um.

Assinale a alternativa correta:

a) Apenas as afirmativas I, IV e V estão corretas.
b) Apenas as afirmativas I, III e VI estão corretas.
c) Apensa as afirmativas II, III e VI estão corretas.
d) Todas as afirmativas estão corretas.

5. Diante das mudanças sociais decorrentes da industrialização, do capitalismo e do liberalismo, a Igreja adotou uma posição. A grande massa de operários a trabalhar por longas jornadas nas linhas de produção das fábricas e o aceleramento e o acúmulo de capital dos proprietários levaram o Papa Leão XIII a posicionar-se ante as questões sociais da época com a promulgação da encíclica:

a) *Rerum Novarum.*
b) *Pacem in Terris.*
c) *Novo millennio ineunte.*
d) *Centesimus Annus.*

Atividades de aprendizagem

Questões para reflexão

1. Neste capítulo, você estudou sobre o contexto da Revolução Industrial, iniciada no século XVIII, e as consequentes mudanças econômicas no século XIX. Nesse cenário, o Papa Leão XIII escreveu a carta encíclica *Rerum Novarum* (1891). Leia o parágrafo oito desse documento, que trata sobre a Igreja e a questão social:

> É com toda a confiança que nós abordamos este assunto, e em toda a plenitude do nosso direito; porque a questão de que se trata é de tal natureza, que, se não apelamos para a religião e para a Igreja, é impossível encontrar-lhe uma solução eficaz. Ora, como é principalmente a nós que estão confiadas a salvaguarda da religião e a dispensação do que é do domínio da Igreja, calarmo-nos seria aos olhos de todos trair o nosso dever. Certamente uma questão desta gravidade demanda ainda de outros a sua parte de atividade e de esforços; isto é, dos governantes, dos senhores e dos ricos, e dos próprios operários, de cuja sorte se trata. Mas, o que nós afirmamos sem hesitação é a inanidade da sua ação fora da Igreja. E a Igreja, efetivamente, que haure no Evangelho doutrinas capazes de pôr termo ao conflito ou ao menos de o suavizar, expurgando-o de tudo o que ele tenha de severo e áspero; a Igreja, que se não contenta em esclarecer o espírito de seus ensinos, mas também se esforça em regular, de harmonia com eles, a vida e os costumes de cada um; a Igreja, que, por uma multidão de instituições eminentemente benéficas, tende a melhorar a sorte das classes pobres; a Igreja, que quer e deseja ardentemente que todas as classes empreguem em comum as suas luzes e as suas forças para dar à questão operária a melhor solução possível; a Igreja, enfim, que julga que as leis e a autoridade pública devem levar a esta solução, sem dúvida com medida e com prudência, a sua parte do consenso. (RN, n. 8)

Considerando esse texto, escreva sua percepção sobre a relação da Igreja com a questão social.

2. Leia atentamente o parágrafo 104 do *Compêndio da Doutrina Social da Igreja*:

> Na elaboração e no ensinamento desta doutrina, a Igreja foi e é animada por intentos não teoréticos, mas pastorais, quando se encontra diante das repercussões das mutações sociais sobre os seres humanos individualmente tomados, sobre multidões de homens e mulheres, sobre a sua mesma dignidade humana, nos contextos em que "se procura uma organização temporal mais perfeita, sem que este progresso seja acompanhado de igual desenvolvimento espiritual". Por estas razões, se constituiu e desenvolveu a doutrina social: "um corpo doutrinal atualizado, que se articula à medida em que a Igreja, dispondo da plenitude da Palavra revelada por Cristo Jesus e com a assistência do Espírito Santo (cf. Jo 14,16.26;16, 13-15), vai lendo os acontecimentos, enquanto eles se desenrolam no decurso da história". (CDSI, n. 104)

Com base nesse texto, registre suas percepções sobre a Doutrina Social da Igreja no desenrolar histórico da sociedade.

Atividade aplicada: prática

1. Um dos critérios bíblico-teológicos que justifica a análise eclesial sobre as questões sociais diz respeito à leitura dos "sinais dos tempos". Ou seja, a realidade não é vista apenas numa perspectiva sociológica ou econômica, mas sob a luz do Evangelho. Um exemplo claro são as Campanhas da Fraternidade, cujas temáticas anuais são lançadas no período da Quaresma, época em que a Igreja convida para a conversão. Faça uma entrevista com o pároco ou uma liderança de sua comunidade e questione qual foi a Campanha da Fraternidade que mais lhe marcou, indicando o ano, o tema, o lema e o porquê dessa escolha.

2
Natureza da Doutrina Social da Igreja[1]

1 Todas as passagens bíblicas indicadas neste capítulo são citações de Bíblia (1995).

Neste segundo capítulo, iremos apresentar a natureza da Doutrina Social da Igreja (DSI) com base em sua gênese epistemológica[2]. Esse é o próximo passo para uma interpretação autenticamente eclesial das questões sociais. Uma vez considerados os elementos históricos da construção da DSI e da reflexão sobre ela, iremos analisar os elementos que constituem sua natureza e identificam e definem sua especificidade.

2 *Gênese epistemológica* significa a raiz, a origem, de determinado conhecimento.

Tendo presentes esses pressupostos da DSI, iremos nos deter agora na análise de sua natureza e de seu método, com base em seu objeto, sua finalidade, seu sujeito, seu destinatário, suas fontes, assim como suas dimensões de abordagem e metodologia.

O objeto principal do ensinamento social cristão consiste na defesa e na promoção da dignidade humana. Esse ensinamento busca "o desenvolvimento do homem todo e de todos os homens" (PP, n. 42; CV, n. 8). Desse modo, o juízo ético afeta não só o comportamento do ser humano enquanto indivíduo, mas também as organizações sociais que regem a vida humana, as instituições jurídicas que administram a justiça, as estruturas econômicas que condicionam a vida cidadã e os órgãos políticos que governam o Estado (Colom, 2006, p. 38).

A finalidade da DSI é, antes de tudo, pastoral. Ou seja, à luz do Evangelho, essa doutrina tem a função de orientar as consciências a fim de que sejam capazes de encontrar, em sua vida social, os caminhos que favoreçam decisões voltadas à defesa e à promoção da pessoa humana na sociedade. A Igreja não deve se desviar do foco social em seu ensinamento catequético e pastoral. Ainda que seja desafiador e por vezes utópico, sonhar com uma sociedade mais justa e fraterna e lutar para torná-la real é um imperativo evangélico confiado a nós.

Por essa razão, quando pensamos no sujeito da doutrina social cristã, estamos considerando toda a comunidade de fé, segundo a diversidade de suas funções. Obviamente, o sujeito próprio é primeiramente o Magistério pontifício e episcopal, juntamente a seus peritos, os teólogos e teólogas, os especialistas nos mais variados âmbitos sociais e os fiéis, que exercem suas tarefas na sociedade com consciência de sua responsabilidade cristã e cidadã.

Os destinatários não são apenas os sujeitos mencionados, mas sim **todos** os homens e mulheres de boa vontade, ainda que os primeiros sejam os cristãos, pela exigência da própria vocação. Isso porque o elemento fontal da doutrina social é a Revelação, e ela constitui o primeiro e decisivo princípio que, juntamente com a razão, estabelece e desenvolve a competência moral do cristão.

Colom (2006, p. 41), citando o documento da Congregação para a Educação Católica (1988, n. 6) que orienta para o estudo e o ensinamento da DSI na formação dos presbíteros, trabalha essa disciplina com base em uma tríplice dimensão: a) teórica: por incluir verdades e princípios éticos de caráter permanente; b) histórica: por tratar da vida social em cada momento histórico concreto; c) prática: porque está essencialmente engajada para a ação, a práxis da fé. O ensinamento social deve, portanto, ser fiel à verdade e à história, e seu método de abordagem nunca pode ser puramente indutivo nem dedutivo. Desse modo, evitam-se tendências extremistas de interpretação, tanto de cunho idealista quanto pragmatista.

Apresentaremos, nos tópicos a seguir, os elementos que compõem o caráter específico da DSI. Constituída de um saber iluminado pela fé e em diálogo permanente com outros saberes, essa doutrina é um exercício explícito do ensinamento da Igreja a respeito das questões sociais, que se efetua de modo dinâmico e continuado na perspectiva evangélica de uma sociedade mais justa e solidária.

2.1 Saber iluminado pela fé

O *Compêndio da Doutrina Social da Igreja* – CDSI (2004, n. 72), citando *Sollicitudo Rei Socialis*, deixa claro que "a Doutrina Social pertence não ao campo da ideologia, mas ao da teologia e precisamente da teologia moral". Os parâmetros socioeconômicos não são o critério definitivo para sua análise, mas sim o Evangelho. Também não se trata de um sistema ideológico nem pragmático, mas resulta de uma atenciosa reflexão sobre a complexidade humana, em seu contexto social, avaliada à luz da fé e da Tradição.

> A doutrina social da Igreja não é uma "terceira via" entre capitalismo liberalista e coletivismo marxista, nem sequer uma possível alternativa a outras soluções menos radicalmente contrapostas: ela constitui por si mesma uma categoria. Não é tampouco uma ideologia, mas a formulação acurada dos resultados de uma reflexão atenta sobre as complexas realidades da existência do homem, na sociedade e no contexto internacional, à luz da fé e da tradição eclesial. (SRS, n. 41)

Ou seja, a doutrina social situa-se no encontro da vida e da consciência cristã com as situações histórico-sociais de ordem política, econômica e cultural. Trata-se de um saber iluminado pela fé aplicado à contingência histórica da práxis e que reconhece a condição de **ser social** do ser humano (CA, n. 59). Assim,

> sua finalidade principal [da Doutrina Social da Igreja] é interpretar estas realidades, examinando a sua conformidade ou desconformidade com as linhas do ensinamento do Evangelho sobre o homem e sobre a sua vocação terrena e ao mesmo tempo transcendente; visa, pois, orientar o comportamento cristão. (CDSI, n. 72)

Ter em mente a finalidade da DSI pode tornar o propósito dela mais compreensível como dimensão da teologia moral. Considerando que a fé nos oferece um ponto de vista claro a respeito da dignidade e da natureza social do ser humano, é a partir dessa visão que se forjam os princípios, as normas e os valores que possibilitam uma ordem social livre e justa (Docat, n. 23). Desse modo, a Igreja é "sinal e instrumento salvífico" (LG, n. 1) de unidade e solidariedade com todas as pessoas, principalmente com as mais fragilizadas em cada época.

O Magistério da Igreja considera que o anúncio salvífico do Evangelho deve integrar o ser humano como um todo, incluindo sua dimensão social. Essa necessidade expressa do empenho cristão na sociedade indica os critérios para se aplicar os princípios evangélicos aos âmbitos econômicos, políticos e culturais, por meio do encontro entre a vida cristã e as questões sociais. Devem ser levados em conta os aspectos técnicos do problema sob o ponto de vista moral, de modo a nortear o discernimento quanto às mudanças sociais e às diversas situações concretas à luz de princípios sempre válidos, contribuindo verdadeiramente para o bem comum.

O CDSI estabelece três níveis do ensinamento teológico-moral, que definem seu método próprio e sua estrutura epistemológica. O primeiro deles é o nível fundante das motivações; o segundo consiste no nível diretivo das normas do viver social; e o terceiro diz respeito ao nível deliberativo das consciências, que seriam mediadoras das normas objetivas e gerais nas situações sociais concretas e particulares (CDSI, n. 73).

A doutrina social, enquanto saber aplicado à contingência histórica da práxis, conjuga fé e razão, corroborando de forma eloquente e eficaz sua fecunda interação. Desse modo, a centralidade no mistério cristão não enfraquece ou exclui o papel da razão e, por isso, não coíbe a Doutrina Social de plausibilidade racional, pois é esta que garante sua destinação universal (CDSI, n. 75). Isso confere plenitude à dignidade humana e suas exigências morais, à luz do mistério de Cristo.

"A Doutrina Social da Igreja é **um conhecer iluminado pela fé**, que – precisamente por isso – expressa a sua maior capacidade de conhecimento. Ela dá razão a todos das verdades que afirma e dos deveres que comporta: pode encontrar acolhimento e aceitação por parte de todos" (CDSI, n. 75, grifo do original).

Ainda que as questões culturais e sociais envolvam a Igreja como um todo e a ela digam respeito, há um chamado específico dirigido aos fiéis leigos, independentemente de sua vocação ou do estado de vida assumido. Eles são chamados, de forma especial, a desempenhar seus deveres como cidadãos, ordenando suas ações para Deus. Por isso, o Concílio Vaticano II recorda que tais deveres decorrem da adesão de sua fé cristã (LG, n. 31). Nesse sentido, ressaltamos a "importância fundamental da formação dos leigos, para que, com a santidade de sua vida e a força do seu testemunho, contribuam para o progresso da humanidade" (CDSI, n. 4).

Assim, podemos constatar que, mais que um saber iluminado pela fé, a DSI é um saber intrínseco a ela. Para entender bem as exigências da vida em Cristo em cada momento histórico, é inevitável identificar diligentemente os sinais dos tempos e interpretá-los à luz da fé. Nesse sentido, a DSI, enquanto saber aplicado à práxis, conjuga dinamicamente a fé e a razão e é expressão eloquente da estreita relação entre essas duas instâncias. Afinal, a ortopráxis completa a ortodoxia e ambas atestam a integralidade da fé.

2.2 Diálogo permanente com outros saberes

Como vimos, a fé e a razão constituem as duas vias de acesso ao conhecimento da DSI e têm como fonte a Revelação e a natureza humana (CDSI, n. 75). Essa importante dimensão interdisciplinar é evidenciada pelo objeto da DSI: os mais variados contextos sociais, econômicos e políticos, em contínua mutação histórica, que estão em diálogo permanente com diversas áreas do conhecimento, principalmente a filosofia e as outras ciências humanas e sociais que refletem sobre os dados da realidade que nos cercam. Conforme o CDSI:

> A doutrina social da Igreja se vale de todos os contributos cognoscitivos, qualquer que seja o saber donde provenham, e tem uma

> importante dimensão interdisciplinar: Para encarnar melhor nos diversos contextos sociais, econômicos e políticos em contínua mutação, essa doutrina entra em diálogo com diversas disciplinas que se ocupam do homem, assumindo em si os contributos que delas provêm. A doutrina social vale-se dos contributos de significado da filosofia e igualmente dos contributos descritivos das ciências humanas. (CDSI, n. 76)

Vale a pena acentuarmos aqui o princípio básico da fé cristã, que é a encarnação de Jesus Cristo. Na linguagem mais formal da teologia, a palavra *encarnação* começou a ser usada como um termo técnico inspirado no prólogo do Evangelho de João: "e o Verbo se fez carne e habitou entre nós" (Jo 1,14). Assim, o lar original da encarnação foi a linguagem oficial da Igreja. Na visão atual da teologia, a encarnação é a Revelação de Deus, um Deus que se fez humano. Crer nesse Deus altera a maneira como vivemos nossa fé cristã, intensificando e ampliando o sentido dela em uma relação aberta de solidariedade, seguindo dessa forma o que Jesus viveu em sua doação pela humanidade.

Em Jesus, Deus se fez carne, fez-se humanidade concreta, fez-se inteiramente pessoa, completamente humano, sendo plenamente divino. NEle, Deus amou nossa carne, assumiu-a, fazendo-a sua, e santificou-a. A encarnação é um ato salvífico, pois só é salvo aquilo que é de fato assumido. Em Jesus, Deus se fez história, revelando-se nela, participando do que ela tem de concreto, assumindo os processos e os conflitos que a marcam. Esses indicativos de Jesus apontam para nosso modo de ser cristão, de ser Igreja, Sua autêntica testemunha.

Contudo, a missão da Igreja não é substituir o Estado ou os sistemas políticos e econômicos da sociedade, mas inspirá-los pela força do Evangelho. No mistério da encarnação toda a dicotomia é banida, uma vez que tudo nele se integra. Jesus Cristo é a solidariedade histórica de Deus para com a humanidade. E se o aceitamos como Deus encarnado, necessariamente, como Igreja, como comunidade de seguidores de Jesus Cristo, temos de revisar nossa teologia, nossa visão de fé.

Nessa perspectiva, as várias abordagens de conhecimento podem contribuir com a missão salvífica da Igreja, sendo necessário um olhar sobre a realidade que considere os vários enfoques e aspectos. Paulo VI, em sua carta apostólica *Octogesima Adveniens* (1971), destaca as seguintes formas de pensamento sobre a sociedade: a filosofia; as utopias; as ciências; os movimentos históricos; as ideologias; e o clamor dos pobres. Ele ainda afirma a confiança que a Igreja deposita nessa investigação, convidando os cristãos a participarem também desse processo (OA, n. 40).

A exigência científica e a busca pelo conhecimento a respeito do ser humano podem ser iluminadas pelo vivo impulso da fé, estabelecendo um diálogo fecundo entre a Igreja e as novas descobertas. Nesse sentido, Paulo VI enfatiza a possibilidade de as ciências humanas colaborarem com a moral social cristã, a qual necessita desse olhar ampliado da realidade a fim de não se limitar a propor alguns modelos sociais como melhores. Assim, a posição crítica e de transcendência da moral cristã poderá sair reforçada (OA, n. 40).

Desse modo, "a abertura atenta e constante às ciências faz com que a Doutrina Social da Igreja adquira competência, concretude e atualidade" (CDSI, n. 78). Ainda nessa perspectiva dialógica, podemos entender que a abertura aos povos e às culturas, assim como o ecumenismo e o diálogo inter-religioso, são necessários para um intercâmbio contínuo e reciprocamente enriquecedor (CNBB, 2004, p. 19).

Bento XVI afirma, em sua encíclica social *Caritas in Veritate*, que para os crentes o mundo não é obra do acaso, e dessa consciência nasce o dever dos cristãos em "unir seus esforços com todos os homens e mulheres de boa vontade de outras religiões ou não crentes para que este mundo corresponda efetivamente ao projeto divino: viver como uma família, sob o olhar do seu Criador" (CV, n. 57).

É importante esclarecermos que a DSI não consiste numa norma teológica específica, fechada em si mesma, com a qual se possa julgar indistintamente os contextos sociais, econômicos e políticos. Ela se faz no diálogo aberto e constante com outras ciências econômicas, naturais, sociais e técnicas. É nessa perspectiva dialógica que ela contribui para a reflexão e a interpretação dos problemas sociais e da humanidade.

2.3 Ensinamento da Igreja a respeito das questões sociais

Como parte do ensinamento moral da Igreja, a doutrina social não é somente fruto do pensamento e da obra de pessoas qualificadas, mas se reveste da mesma dignidade e tem a mesma autoridade de tal ensinamento, sendo, portanto, Magistério autêntico (CDSI, n. 79-80). Ou seja, ela não é expressão de uma parte, de um grupo eclesial apenas, mas expõe como toda a Igreja compreende as questões sociais e como se posiciona diante delas.

De acordo com Colom (2006, p. 36), "O Magistério tem, portanto, o direito-dever de ensinar à luz das verdades naturais e da Revelação os princípios de reflexão, os critérios de juízo e as diretrizes de ação necessárias para orientar moralmente as realidades sociais que se desenvolvem na vida das pessoas" [tradução nossa][3].

Objetivamente, os juízos do Magistério não se referem às questões diretamente técnicas, econômicas ou políticas, senão à dimensão ética da realidade. De acordo com a Instrução *Libertatis Consciencia* (LC, n. 72),

3 "El Magisterio tiene, por tanto, el derecho-deber de enseñar, a la luz de las verdades naturales y de la Revelación, los princípios de reflexión, los critérios de juicio y las directivas de acción necesarias para orientar moralmente las realidades sociales en las que se desarrolla la vida de los hombres".

da Congregação para a Doutrina da Fé, a Igreja oferece em sua doutrina social: os princípios de reflexão, que assinalam as bases para construir uma convivência social segundo critérios universais; os critérios de juízo, que permitem avaliar sistemas e estruturas sociais e situações concretas; e as diretrizes de ação, para orientar a atividade dos cristãos na vida social.

De fato, o Papa Francisco afirma que o *querigma*[4] apresenta um conteúdo inevitavelmente social (EG, n. 177). Ou seja, "nem todos que se empenham social e politicamente são, por isso mesmo, cristãos. No entanto, alguém terá dificuldade em considerar-se cristão se não se empenhar socialmente" (Docat, n. 28).

Como podemos ver, o ensinamento social da Igreja brota de sua identidade e missão e é marcado por processos históricos que, à luz do Evangelho, estabelecem marcos doutrinais por meio de pronunciamentos do Magistério[5]. A seguir, apresentamos as características desses marcos.

O primeiro marco doutrinal social é a encíclica *Rerum Novarum*, escrita em 1891, pelo Papa Leão XIII. Trata-se da primeira encíclica de caráter social que, no contexto da Revolução Industrial, defendeu o direito dos operários, dos fracos e dos pobres, assim como também defendeu o direito de propriedade e rejeitou a luta de classes.

Em 1931, em comemoração aos 40 anos da *Rerum Novarum*, o Papa Pio XI lançou a encíclica *Quadragesimo Anno* (QA). No período de ascensão do capitalismo, o documento criticou a livre e ilimitada concorrência e reivindicou para os trabalhadores salários justos, capazes de sustentar as famílias, bem como desenvolveu o princípio de subsidiariedade.

Em 1961, com a encíclica *Mater et Magistra* (MM), o Papa João XXIII deu um enfoque mais específico ao objeto da DSI, que consiste não

4 *Querigma* vem do grego *kerigma* e significa o núcleo central do anúncio da fé, constituindo a base do Evangelho.

5 Os marcos da DSI aqui apresentados foram baseados na sequência histórica dos documentos apresentados no Docat (2016), tradução popular da Doutrina Social da Igreja.

apenas em atender às necessidades da sociedade, mas em defender e promover a dignidade de cada pessoa humana. Em 1963, João XXIII lançou a encíclica *Pacem in Terris* (PT), voltada à promoção da paz e dos direitos humanos como interesse central da Igreja.

Lembremos que o cenário precedente dessas duas encíclicas estava marcado pelas grandes guerras e pelos totalitarismos nacionais. Após o desastre da Segunda Guerra Mundial (1939-1945), que promoveu o genocídio de milhões de pessoas em nome de uma suposta "raça pura", o mundo pareceu acordar de seus crimes hediondos. Em decorrência disso, em 1945 foi criada a Organização das Nações Unidas (ONU), e em 1948 foi escrita a Declaração Universal dos Direitos Humanos[6].

Nessa perspectiva, a Igreja, que sempre teve presente o conceito de dignidade da pessoa, com base no princípio criador do ser humano como imagem e semelhança de Deus (Gn 1,26), tornou este o critério fundamental de análise eclesial sobre as questões econômicas, culturais e políticas da sociedade. O contexto histórico-social e o resgate das fontes bíblicas e patrísticas a respeito do conceito de pessoa influenciaram os documentos do Concílio Vaticano II.

Em 1965, por meio do documento conciliar, a constituição pastoral *Gaudium et Spes* (GS), a Igreja se abriu ao diálogo com o mundo moderno, por meio da cultura, da economia e da sociedade, estabelecendo como ponto de partida a dignidade e o progresso da pessoa humana (GS, n. 25). No mesmo ano, a declaração *Dignitatis Humanae* (DH) reconheceu e defendeu a liberdade religiosa como direito fundamentado na dignidade de cada pessoa, ante o Estado, que não deve coibir ou impor a opção religiosa dos indivíduos.

Em 1967, o Papa Paulo VI lançou sua encíclica *Populorum Progressio* (PP) motivando e apresentando linhas de ação em comum para o

---

6 No contexto pós-Segunda Guerra Mundial, foi criada a Declaração Universal dos Direitos Humanos, documento internacional adotado e promulgado pela Organização das Nações Unidas (ONU) em 10 de dezembro de 1948.

desenvolvimento de todos os povos e a paz mundial. E, para comemorar os 80 anos da *Rerum Novarum*, Paulo VI lançou, em 1971, a carta apostólica *Octogesima Adveniens* (OA), abordando problemas relacionados ao desemprego, às questões ambientais e ao crescimento demográfico.

Durante o pontificado do Papa João Paulo II, foram três encíclicas de caráter social. A primeira delas, *Laborem Exercens* (LE), de 1981, reflete sobre a dignidade do trabalho humano como dimensão da vocação cristã e a defende. De 1987, a encíclica *Sollicitudo Rei Socialis* (SRS) aborda novamente o tema do desenvolvimento social numa perspectiva ético-moral, trazendo considerações para além do foco econômico.

Por ocasião dos 100 anos da *Rerum Novarum*, João Paulo II lançou, em 1991, a encíclica *Centesimus Annus* (CA), que enfatiza, após a derrubada do comunismo, o estabelecimento do livre mercado, a questão da democracia e a solidariedade como princípio das relações econômicas e de comércio.

O Papa Bento XVI, em sua encíclica *Caritas in Veritate* (CV), conjugando caridade e verdade como exercício pleno da justiça, confrontou-se com o contexto da globalização e suas reais consequências morais. E o Papa Francisco, em 2015, tratou da questão ambiental em sua dimensão ética, moral e social, apelando para uma ecologia integral que respeite a vida como um todo e preze pela dignidade humana de todas as pessoas, inclusive a dos mais pobres e fragilizados.

Como você percebeu, desde Leão XIII houve um crescente interesse do Magistério da Igreja com relação às questões sociais. E isso não somente por parte dos papas, mas também de bispos, conferências episcopais e da comunidade eclesial como um todo. Concretamente, a Igreja intervém diretamente nas questões econômicas e políticas somente por meio dos leigos cristãos comprometidos como cidadãos em associações, grupos e uniões em defesa de determinadas questões sociais. Embora marcada por questões históricas diferentes, a Igreja empenha-se na busca e na luta pela justiça, pela caridade e pela paz, trabalhando por uma sociedade melhor, que será tanto mais humana quanto mais corresponder ao Reino de Deus (Docat, n. 28).

2.4 Caráter dinâmico e continuado da Doutrina Social da Igreja

Como já mencionamos, a DSI remonta aos valores universais que derivam da Revelação e da natureza humana. Embora reflita esses valores no contexto das questões históricas, ela não se cristaliza na história, mas apresenta um caráter dinâmico de continuidade. Assim, trata-se de um ensinamento constante, que permanece fiel em sua inspiração de fundo, seus princípios de reflexão, seus critérios de julgamento, suas diretrizes de ação e, principalmente, em sua ligação vital com o Evangelho do Senhor (CDSI, n. 85).

Marcada pelo caráter de continuidade e renovação, a DSI orienta-se pelo Evangelho, que, apesar dos condicionamentos históricos, é uma resposta sempre atual para as questões colocadas pelo mundo e suas constantes novidades. Isso implica uma capacidade contínua de renovação inspirada pela força perene de seus valores e princípios.

> A firmeza nos princípios não faz dela um sistema de ensinamentos rígido e inerte, mas um Magistério capaz de abrir-se às **coisas novas**, sem se desnaturar nelas: um ensinamento sempre novo, "sujeito a necessárias e oportunas adaptações, sugeridas pela mudança das condições históricas e pelo incessante fluir dos acontecimentos, que incidem no desenrolar da vida dos homens e das sociedades." (CDSI, n. 85, grifo do original)

Isso quer dizer que sua fidelidade aos princípios não a enrijece em si mesma, ao contrário, permite que ela se renove constantemente, buscando respostas sempre atuais em relação às condições históricas do mundo, sob o impulso do Evangelho como fonte constante de renovação. A imagem da DSI como um "canteiro sempre aberto" nos ajuda a entender seu dinamismo. Nesse cenário, "a verdade aparece como água perene que penetra e permeia a novidade contingente da história, traçando caminhos inéditos de justiça e de paz" (CDSI, n. 86).

Segundo Camacho (1995, p. 17), para que a DSI seja uma resposta sempre atual, é importante considerá-la para além de afirmações abstratas que não tenham raiz em realidades concretas de cada momento histórico. E para isso surge a indagação: Os conteúdos da DSI evoluem?

> Na verdade, seria melhor afirmar que evolui o conjunto dos ensinamentos, a forma como os diferentes princípios se articulam em um todo orgânico. Ao falar de "conjunto", deixamos de considerar a doutrina social como uma soma de princípios isolados, cada um dos quais pode ser analisado e verificado em sua veracidade, independentemente dos demais. Cada um desses princípios éticos não é independente, mas está integrado a um sistema, e só aí adquire consistência. (Camacho, 1995, p. 17)

Nesse sentido, fica evidente a constante abertura da Igreja às questões sociais em caráter de diálogo com a cultura, a economia e a política, sempre marcado pela contingência histórica. Iluminada pela verdade do Evangelho, seu ensinamento social não é fechado e rígido, mas é desafiado constantemente a ser uma resposta viva e atualizada para o mundo de hoje.

2.5 Perspectiva evangélica da Doutrina Social da Igreja

Ao longo da história de Israel, Deus, sobretudo por meio dos profetas, manifestou numerosos preceitos em relação à convivência dos indivíduos entre si e dos povos com suas nações vizinhas, para que se relacionassem com justiça e igualdade. A vida de Jesus apresenta diversas situações que são referências de conduta para os cristãos de todos os tempos: sua vida de trabalho na carpintaria, o pagamento do tributo justo, a condenação do abuso de poder por parte das autoridades de Israel, a atenção às necessidades mais urgentes das pessoas, sua atitude para com as distintas classes sociais de sua época, em especial em relação aos pobres e marginalizados.

Nos escritos neotestamentários, como as cartas às comunidades dos apóstolos, encontramos orientações e exortações sobre a conduta moral exigida das primeiras comunidades cristãs. A vida dos primeiros cristãos em meio à sociedade pagã da época foi marcada por diversos problemas morais, como a obediência devida ao imperador que os perseguia, o pagamento de tributos, o uso e a distribuição dos bens materiais. Dessa forma, a tradição transmite e desenvolve o ensinamento bíblico sobre o comportamento social do cristão.

A finalidade da DSI é de caráter pastoral e decorre da missão própria da Igreja, que é anunciar a boa nova da salvação a todas as pessoas. Sua perspectiva evangélica tem por fim iluminar as consciências para que possam encontrar caminhos oportunos de justiça e solidariedade na vida social. Não se trata de obrigações éticas complementares à vida de fé, mas de imperativos morais da pessoa.

> Para a Igreja, a mensagem social do Evangelho não deve ser considerada uma teoria, mas, sobretudo, um fundamento e uma motivação para a ação. Impelidos por esta mensagem, alguns dos primeiros cristãos distribuíram os seus bens aos pobres e davam testemunho de que era possível uma convivência pacífica e solidária, apesar das diversas proveniências sociais. (CA, n. 57)

Para Colom (2006, p. 39), sua finalidade é orientar decisões aptas a tutelar e promover a pessoa humana na sociedade, de modo que se estabeleçam relações sociais mais humanas e humanizantes. Nesse sentido, a Igreja quer ser sinal da fraternidade que torna possível e fortalece o diálogo sincero com crentes e não crentes, com todos os homens e mulheres de boa vontade (CNBB, 2004, p. 31).

O Papa Francisco, no prefácio do compêndio popular da Doutrina Social da Igreja, o Docat, interpela os jovens cristãos para um compromisso social, motivando-os para a política e para a luta pela justiça e pela dignidade humana, sobretudo a dos mais pobres. Recordando que a Igreja somos nós, ele pede a todos um empenho vivo e corajoso para ouvir o clamor dos desprovidos de direitos, que sofrem todo tipo de necessidade, e daqueles pelos quais ninguém se interessa.

Seu apelo é no sentido de que, reconhecendo nossa eclesialidade, possamos assumir o compromisso de nos colocar em movimento, colaborando nessa ação comum. Por meio dessa tomada de consciência e adotando essa postura, contribuiremos para que as coisas melhorem neste mundo e faremos com que as pessoas possam sentir que o Espírito de Deus age por meio de nós. Francisco conclui o prefácio do Docat dizendo: "talvez então vós sereis como tochas que tornam mais claro para esta humanidade o caminho para Deus".

De fato, "a fé não afasta do mundo, nem é alheia ao esforço concreto dos nossos contemporâneos" (LF, n. 51). A DSI implica a dimensão moral da vida social cristã, mostrando a grandeza da vocação dos fiéis em Cristo e sublinhando o compromisso de produzir frutos na caridade.

Ela não se limita aos aspectos teóricos do comportamento humano: é uma ciência prática que nos impulsiona a viver em Cristo. Assim, a perspectiva evangélica por uma sociedade mais justa e solidária, pautada no amor e na justiça, é a força motriz da nossa esperança cristã.

Síntese

Como abordamos neste capítulo, a natureza da DSI está intimamente ligada à natureza social de cada ser humano. A sociabilidade evidencia que o ser humano não foi criado como um ente solitário. Para ele, a vida social não é um acessório, mas uma dimensão natural, essencial; sua natureza se desenvolve sobre a base de uma subjetividade relacional. Por isso, a fé cristã pode e deve considerar as relações sociais, e, por meio dela, as pessoas podem se identificar com Jesus.

Com base nos temas estudados neste capítulo, deixamos claro que a DSI é um saber iluminado pela fé, expressão do Magistério autêntico, em diálogo com outros saberes e outras culturas, povos e religiões, e cujo ensinamento sobre as questões sociais apresenta princípios e valores universais norteadores, em atenção constante e dinâmica às mudanças históricas da sociedade. Ela tem em vista a perspectiva evangélica da esperança por um mundo mais justo e solidário, por meio do amor e da justiça. Assim, uma doutrina a ser vivida é, inevitavelmente, uma doutrina que deve ser anunciada.

Atividades de autoavaliação

1. A natureza epistemológica da Doutrina Social da Igreja está fundamentada na pessoa e no testemunho de:
   a) Buda.
   b) Mahatma Ghandi.
   c) Madre Teresa de Calcutá.
   d) Jesus Cristo.

2. Leia o parágrafo a seguir e indique se as afirmações são verdadeiras (V) ou falsas (F).

O *Compêndio da Doutrina Social da Igreja* – CDSI (2006, n. 72) ensina que "a doutrina social pertence não ao campo da ideologia, mas ao da teologia e precisamente da teologia moral". Não se trata de um sistema ideológico nem pragmático, mas é resultante de uma atenciosa reflexão sobre as complexidades reais humanas presentes no contexto social e avaliadas à luz da fé e da Tradição.

( ) A Doutrina Social situa-se no cruzamento da vida e da consciência cristã com as situações histórico-sociais.
( ) Trata-se de um saber iluminado pela fé, aplicado à contingência histórica da práxis.
( ) A Doutrina Social da Igreja parte de uma análise sociológica, à luz de ideologias humanas.
( ) A Doutrina Social da Igreja é viva e dinâmica e, ante os apelos histórico-sociais, coloca-se numa permanente releitura da mensagem evangélica.

Assinale a alternativa que apresenta a sequência correta:

a) V, V, F, F.
b) V, V, F, V.
c) V, F, V, V.
d) F, F, V, V.

3. O Concílio Vaticano II recorda que seus deveres decorrem da adesão de sua fé cristã (LG, n. 31). Nesse sentido, é de importância fundamental a formação deles, para que, com santidade de vida e força do seu testemunho, contribuam para o progresso da humanidade.

O apelo contido nessas afirmações, que visa orientar a forma de atuar na sociedade, é dirigido a quem?

a) A todos os cristãos e cristãs do mundo inteiro.
b) Aos fiéis leigos e leigas.
c) Aos religiosos e religiosas.
d) Às mulheres.

4. Leia o seguinte parágrafo.

A Igreja considera que as várias abordagens de conhecimento podem contribuir com sua missão salvífica, uma vez que se faz necessário um olhar sobre a realidade que considere os vários enfoques e aspectos. A carta apostólica *Octogesima Adveniens* destaca as seguintes formas de pensamento sobre a sociedade: a filosofia; as utopias; as ciências; os movimentos históricos; as ideologias; e o clamor dos pobres. E afirma a importância que a Igreja dá a essa investigação, convidando os cristãos, iluminados pela fé, a participarem também deste processo (OA, n. 40).

Esse documento é um pronunciamento do papa:
a) João Paulo II.
b) Paulo VI.
c) João XXIII.
d) Pio XI.

5. Em 1931, em comemoração aos 40 anos da encíclica *Rerum Novarum* (RN), foi escrita a encíclica *Quadragesimo Anno* (QA). Produzido em um momento de ascensão do capitalismo, o documento critica a livre e ilimitada concorrência, reivindica aos trabalhadores salários justos, capaz de sustentar suas famílias, e desenvolve o princípio de subsidiariedade. Qual papa foi autor desse documento?
a) Papa Pio XI.
b) Papa Pio XIII.
c) Papa João Paulo II.
d) Papa João XXIII.

6. Leia o parágrafo a seguir.

A imagem da Doutrina Social da Igreja como um canteiro sempre aberto nos ajuda a entender seu dinamismo. Nesse cenário, "a verdade aparece como água perene que penetra e permeia a novidade contingente da história, traçando caminhos inéditos de justiça e de paz" (CDSI, n. 86). Marcada pelo caráter de continuidade e renovação, tal doutrina se orienta pelo Evangelho do Senhor, que, apesar dos condicionamentos históricos, é também resposta sempre atual para o mundo como fermento de novidade.

Isso implica:

a) um enrijecimento cada vez maior da doutrina para não perder a rota da fé.
b) abrir mão de qualquer princípio e valor para estar aberto às novidades históricas.
c) uma capacidade contínua de renovação, inspirada pela força perene de seus valores e princípios.
d) ignorar os condicionamentos históricos, pois eles poderiam afetar a mensagem do Evangelho.

Atividades de aprendizagem

Questões para reflexão

1. Após os totalitarismos nacionais e o desastre humano da Segunda Guerra Mundial, marcada pelo genocídio de milhões de pessoas em nome do totalitarismo e de uma suposta "raça pura", o mundo parece acordar de seus crimes hediondos. Em 1945, foi criada a Organização das Nações Unidas (ONU), e em 1948, surgiu a Declaração Universal dos Direitos Humanos. Nesse contexto histórico, a Igreja também

se pronunciou com a encíclica *Pacem in Terris*, do Papa João XXIII, destacando o princípio básico da dignidade humana. Para refletir melhor sobre o tema, leia os parágrafos 9 e 10 desse documento:

> Em uma convivência humana bem constituída e eficiente, é fundamental o princípio de que cada ser humano é pessoa; isto é, natureza dotada de inteligência e vontade livre. Por essa razão, possui em si mesmo direitos e deveres, que emanam direta e simultaneamente de sua própria natureza. Trata-se, por conseguinte, de direitos e deveres universais, invioláveis, e inalienáveis.
>
> E se contemplarmos a dignidade da pessoa humana à luz das verdades reveladas, não poderemos deixar de tê-la em estima incomparavelmente maior. Trata-se, com efeito, de pessoas remidas pelo Sangue de Cristo, as quais com a graça se tornaram filhas e amigas de Deus, herdeiras da glória eterna. (PT, n. 9-10)

Com base nesses parágrafos, escreva um texto exprimindo suas considerações sobre o conceito de dignidade humana.

2. Para refletir sobre a dimensão dialógica da Doutrina Social da Igreja, leia o parágrafo 76 do *Compêndio da Doutrina Social da Igreja*:

> **A doutrina social da Igreja se vale de todos os contributos cognoscitivos, qualquer que seja o saber donde provenham, e tem uma importante dimensão interdisciplinar**: "Para encarnar melhor nos diversos contextos sociais, econômicos e políticos em contínua mutação, essa doutrina entra em diálogo com diversas disciplinas que se ocupam do homem, assumindo em se os contributos que delas provêm". A Doutrina Social vale-se dos contributos de significado da filosofia e igualmente dos contributos descritivos das ciências humanas. (CDSI, n. 76)

Registre em um texto suas reflexões sobre esse tema.

Atividade aplicada: prática

1. Ao estudar sobre a natureza da Doutrina Social da Igreja, mostramos que seu ensinamento social deve ser dinamicamente fiel à verdade do Evangelho. Atualmente, as notícias relacionadas à corrupção econômica e política revelam uma afronta aos princípios da ética cristã. Escolha uma notícia relativa ao tema *corrupção* e pontue, com suas palavras, de que maneira tal situação fere os princípios do Evangelho.

3

Princípios da Doutrina Social da Igreja[1]

1 Todas as passagens bíblicas indicadas neste capítulo são citações de Bíblia (1995).

A proposta deste capítulo é apresentar a você os princípios que orientam a ação e a reflexão da Igreja na sociedade. Temos por objetivo apresentar as linhas mestras que regem a Doutrina Social da Igreja (DSI) nos mais variados contextos histórico-sociais, como princípios permanentes do ensinamento social católico. Como já vimos, tal doutrina apresenta caráter dinâmico, uma vez que as circunstâncias históricas mudam constantemente, mas também caráter de continuidade com relação aos princípios e valores fundamentais de seu ensinamento, que, como você estudou, têm como fonte a Revelação.

Esses princípios são referência fundamental no tocante às questões que emanam da vida em sociedade. Com eles, o indivíduo apreende o conjunto da realidade social do ser humano e se capacita a empreender sua ação na verdade. Por isso a importância de compreendê-los de modo integrado, articulando a conexão entre eles no olhar sobre as questões sociais que se apresentam atualmente.

Para conhecermos bem tais princípios, é fundamental partirmos do ponto inicial, que justifica seu lugar na reflexão sobre a sociedade. Ao reconhecimento da dignidade humana como elemento capital, unem-se quatro princípios fundamentais da Igreja referentes às questões sociais: do **bem comum**, da **solidariedade**, da **subsidiariedade** e da **participação**.

O *Documento de Aparecida* afirma que o fato de sermos discípulos missionários de Jesus Cristo implica em assumirmos, na perspectiva do Evangelho e do reino de Deus, "as tarefas prioritárias que contribuem para a dignificação do ser humano e a trabalhar junto aos demais cidadãos e instituições para o bem do ser humano" (DAp, n. 384).

Ainda que seja valorizado o crescimento econômico ou tecnológico de uma sociedade, a valorização desses elementos não é o único critério de avaliação de um fenômeno. Todos os caminhos da Igreja levam ao ser humano (RH, n. 14). Assim, a DSI afirma que a sociedade não se encontra nem fora e nem acima das pessoas, mas existe nelas e para elas. Daí a importância de apresentamos os princípios e, mais adiante, os valores norteadores do ensinamento social eclesial.

3.1 Reconhecimento da dignidade humana

O conceito de **dignidade humana** apresenta significado valorativo para as discussões no campo ético e social. Trata-se de um conceito essencial na defesa dos direitos humanos. A vinculação dos princípios da DSI à verdade fundamental sobre a dignidade humana garante a autenticidade de cada um desses princípios como critério basilar nas reflexões e decisões da moral da Igreja a respeito das questões tanto de ordem política quanto de natureza econômica ou cultural.

Além de ser uma afirmação religiosa, o princípio de dignidade da pessoa humana consta no artigo primeiro da Declaração Universal dos Direitos Humanos (1948), no primeiro artigo da Constituição Brasileira (1988), assim como na Declaração Universal sobre Bioética e Direitos Humanos (2005). Ainda que, ao falar de direitos humanos fundamentais, sejam possíveis inúmeras interpretações, é inviável desvinculá-los do princípio de dignidade humana por constituir sua base fundamental e constitucional. Para Pessini (2008, p. 91):

> Trata-se de um conceito fundamental, basilar, que aponta para um horizonte de sentido desde a antiguidade clássica, passando pela cultura judaico-cristã e na contemporaneidade fundamenta os documentos mais importantes da humanidade após a II Guerra Mundial, entre outros, a Declaração Universal dos Direitos Humanos.

Na filosofia, o conceito de **dignidade** entende a pessoa como um fim e não como um meio. Immanuel Kant (1724-1804) é conhecido pela teoria moral do imperativo categórico: "age de tal modo que a máxima da tua ação se possa tornar princípio de uma legislação universal" (Kant, 1997, p. 59). Nesse sentido, a pessoa tem valor central no sistema de direitos e não pode ser equiparada a objeto, independentemente de seu *status* social, econômico ou moral. Kant reconhece a dignidade da pessoa humana e indica que o ser humano tem valor superior ao do objeto; logo, não pode ser tratado como tal.

Martin Buber (1878-1965) e Emmanuel Levinas (1906-1995) propõem, para a filosofia, um pensamento com base no conceito hebraico segundo o qual o rosto do outro provoca uma reflexão e não uma ideia. Em sua obra *Eu e tu*, considerada uma das mais importantes do século XX em lista publicada na Revista Time, em 1977, Martin Buber intui o sentido do conceito de **relação** para significar aquilo que, de essencial e singular, acontece entre os seres humanos e entre o ser humano e o Transcendente.

Emmanuel Levinas, filósofo nascido numa família judaica, parte da ideia de que é na face a face que se irrompe todo sentido ético. De acordo com a tradução popular da DSI, "Conhecer o outro é conhecer uma fome. Conhecer o outro quer dizer dar. [...] Só posso reconhecer a visão do estranho, da viúva e do órfão na medida em que dou ou recuso" (Docat, n. 54). Diante do rosto do outro, portanto, o sujeito se descobre responsável e lhe vem à mente a ideia de *infinito* e consequentemente, a abertura ao outro.

A fé hebraica afirma que Deus fez o ser humano à sua imagem e semelhança (Gn 1,26). O cristianismo também fundamenta a dignidade humana nesse princípio criador de sacralidade do ser humano, o que é corroborado pela encarnação do Filho de Deus (Jo 1,14). Assim, para os cristãos, a dignidade humana se dá pela relação da pessoa com o Transcendente e não depende de seu *status* social, étnico-racial, sexual, moral ou econômico.

Para os Padres da Igreja, como Gregório de Nissa (33-394 d.C.), Gregório de Nazianzo (329-390 d.C.), Atanásio de Alexandria (293-373 d.C.), Agostinho de Hipona (354-430 d.C.) e outros, o conceito de

dignidade humana estava implícito nas reflexões sobre a *Imago Dei*, ou seja, sobre o significado de sermos criados à imagem e semelhança de Deus, influenciando toda a antropologia teológica da Igreja. De fato, "o olhar cristão sobre o ser humano permite perceber seu valor que transcende todo o universo" (DAp, n. 388).

> O fato de o homem, criado como homem e mulher, ser imagem de Deus não significa apenas que cada um deles, individualmente, é semelhante a Deus, enquanto ser racional e livre; significa também que o homem e a mulher, criados como "unidade dos dois" na comum humanidade, são chamados a viver uma comunhão de amor e, desse modo, a refletir no mundo a comunhão de amor que é própria de Deus, pela qual as três Pessoas se amam no íntimo mistério da única vida divina. (MD, n. 7)

Assim, o conceito de **imagem de Deus** tanto na patrística como na perspectiva bíblica valoriza a liberdade de cada ser humano concreto (Rubio, 2001, p. 249-250). Para João Paulo II, o ser humano, como homem e mulher, coroa a obra da criação, a comum humanidade em igual dignidade (MD, n. 6), assim como também o princípio no qual se enraíza o *ethos* humano (MD, n. 7).

A Igreja, num processo laborioso, precedido por uma série de pronunciamentos papais e de movimentos de renovação eclesial e social, propõe seu *aggiornamento* no Concílio Vaticano II (1962-1965). No mergulho às fontes bíblicas e patrísticas, a Igreja resgata fortemente o conceito da dignidade humana como substância ética fundamental de bens e valores aos quais não se pode jamais renunciar[2]. João XXIII, em sua Carta Encíclica *Pacem in Terris*, de 1963, desenvolveu o princípio da dignidade humana baseado no conceito de pessoa, dotada de direitos e deveres:

---

2 O capítulo 1 (235-269) da constituição pastoral *Gaudium et Spes* (GS) é dedicado à questão da dignidade da pessoa humana.

> Em uma convivência humana bem constituída e eficiente, é fundamental o princípio de que cada ser humano é pessoa; isto é, natureza dotada de inteligência e vontade livre. Por essa razão, possui em si mesmo direitos e deveres, que emanam direta e simultaneamente de sua própria natureza. Trata-se, por conseguinte, de direitos e deveres universais, invioláveis, e inalienáveis. (PT, n. 9)

Paulo VI, em seu pontificado, proferiu ensinamentos voltados à problemática social. Publicou a carta encíclica *Populorum Progressio* (1967), em que expõe o verdadeiro significado do progresso humano, em caráter pessoal e social, e anima todos a assumir a responsabilidade pelo desenvolvimento de todas as pessoas e da pessoa como um todo.

João Paulo II deu continuidade ao tema em muitos de seus documentos pontifícios, defendendo a vida humana e sua dignidade inalienável. Desde o primeiro momento de seu pontificado, insistiu na importância da DSI sublinhando particularmente a necessidade de proteger os direitos humanos em todo o mundo. Para ele, a integridade de toda pessoa é assegurada pelo princípio de dignidade como honra devida ao Criador, ou seja, é na sua relação com o Transcendente que a vida humana é garantida em sua mais alta dignidade:

> tudo quanto ofende a dignidade da pessoa humana, como as condições de vida infra-humanas, as prisões arbitrárias, as deportações, a escravidão, a prostituição, o comércio de mulheres e jovens [...]. Todas estas coisas e outras semelhantes são infamantes; ao mesmo tempo que corrompem a civilização humana, desonram mais aqueles que assim procedem, do que os que padecem injustamente; e ofendem gravemente a honra devida ao Criador. (EV, n. 5)

Bento XVI, em sua primeira encíclica, *Deus caritas est*, exorta a viver uma atitude fundamental do cristianismo: o amor. Na segunda parte desse documento, ilustra o exercício do amor e ainda apresenta numerosos aspectos próprios da doutrina social. Já na segunda encíclica, *Spe Salvi*, dedicada à esperança, sublinha a necessidade dessa virtude para mudar a sociedade de dentro para fora e para se adquirir uma noção autêntica do desenvolvimento e da preocupação pelos que sofrem. Na terceira encíclica, *Caritas in Veritate*, o papa reflete sobre o conceito cristão de **desenvolvimento** por meio da justiça na caridade e na verdade.

Desse modo, a Igreja insiste em declarar que nenhuma pessoa, nenhum grupo, seja por questão econômica, seja por motivo religioso, cultural ou sexual, deve ser considerado superior ou inferior em sua dignidade. Como condição inerente ao ser humano, a dignidade humana não é algo externo à pessoa, não é mérito, mas um atributo presente em todo e cada ser humano. Não se trata nem mesmo de uma criação constitucional, mas de um conceito *a priori*, um dado preexistente a toda experiência especulativa, tal como a própria pessoa humana.

O significado da vida humana não pode, portanto, ficar reduzido ao fato biológico, pois, como afirma o Papa Francisco, cada vida tem uma dignidade especial que só pode ser compreendida numa cosmovisão da "casa comum" em que todos nós habitamos e da qual fazemos parte (LS, n. 13).

O princípio de dignidade intrínseco a toda pessoa postula seu pleno respeito por parte de cada indivíduo e da sociedade como um todo. Assim, concluímos que a pessoa humana é o princípio fundamental, o coração e a alma do ensinamento social da Igreja.

3.2 Princípio do bem comum

O princípio do bem comum está relacionado ao desenvolvimento integral do ser humano e afeta todos os membros de uma sociedade. Podemos entendê-lo como a dimensão social e comunitária do bem moral, decorrente do reconhecimento da dignidade e igualdade de todas as pessoas em seu sentido pleno.

A DSI afirma que o bem comum depende, efetivamente, de um sadio pluralismo social, uma vez que as múltiplas sociedades são chamadas a constituir um tecido unitário e harmônico, onde cada uma possa conservar e desenvolver a própria fisionomia e autonomia (CDSI, n. 151). A família, a comunidade civil e a comunidade religiosa são mais imediatamente conexas com a íntima natureza humana de socialização, embora não sejam únicas.

Como exemplo, vejamos a família, expressão primeira e fundamental da natureza social do ser humano. João Paulo II coloca que no matrimônio e na família se constitui um conjunto de relações interpessoais: conjugal, paternidade-maternidade, filiação, fraternidade; por meio dessas relações, todo ser humano é introduzido na "família humana" e na "família de Deus", que é a Igreja (FC, n. 15). A estreita relação entre desenvolvimento pessoal e vida em sociedade evidencia a fundamental importância da sociedade no desenvolvimento humano, a fim de que as pessoas possam alcançar a própria plenitude.

> A fim de favorecer a participação do maior número na vida social, é preciso encorajar a criação de associações e instituições de livre escolha, "com fins econômicos, culturais, sociais, esportivos, recreativos, profissionais, políticos, tanto no âmbito interno das comunidades políticas como no plano mundial". Esta "socialização" exprime, igualmente, a tendência natural que impele os seres humanos a se associarem para atingir objetivos que ultrapassam as capacidades individuais. Desenvolve as qualidades da pessoa, particularmente seu espírito de iniciativa e de responsabilidade. Ajuda a garantir seus direitos. (CDSI, n. 151)

Essa verdade tem como consequência não a convivência harmoniosa da vida social, mas a busca efetiva e incansável do bem, presente nas mais variadas formas de vida social (CDSI, n. 165). Todos os membros da sociedade devem, portanto, empenhar-se pelo bem comum, uma vez que ninguém está dispensado de colaborar, de acordo com as próprias possibilidades, para o desenvolvimento social. Desse princípio resulta a responsabilidade de todos pelo bem comum nos aspectos culturais, familiares, políticos e econômicos.

Na origem, esse conceito da filosofia grega apontava que o mais importante era buscar o bem da pólis, que estava acima do bem particular. Contudo, entendemos que a propriedade privada é lícita e um direito, como um importante fundamento da liberdade de cada cidadão. Mas o direito à propriedade privada nunca deve ser absolutizado. "Poder dispor livremente de bens encoraja a assumir responsabilidades e tarefas na comunidade" (Docat, n. 90).

Bento XVI estabelece o conceito de **bem comum** para além da dimensão ético-social, destacando sua dimensão teológica, pois ele se torna realização concreta da caridade, já que é resultado de um amor que procura dar respostas às necessidades reais do próximo. "Ama-se tanto mais eficazmente o próximo, quanto mais se trabalha em prol de um bem comum que dê resposta também às suas necessidades reais" (CV, n. 7).

O Concílio Vaticano II, na constituição pastoral *Gaudium et Spes*, fala implicitamente de uma opção preferencial pelos pobres (GS, n. 1). "Ou os pobres estão no coração da Igreja, ou então a Igreja trai a sua missão" (Docat, n. 94). Assim, é preciso esclarecer que o bem comum não é meramente a somatória dos interesses individuais, mas consiste naquilo que é o mais importante para todos, sempre considerando nessa perspectiva os mais frágeis da sociedade.

3.3 Princípio da solidariedade

A solidariedade é um princípio social e uma virtude moral que leva o ser humano a contribuir com seus semelhantes para o bem comum, em todas as instâncias. A dimensão de sociabilidade é intrínseca à pessoa humana, e mesmo com a marca do pecado em nós, há uma inclinação natural para a solidariedade. "A humanidade possui ainda a capacidade de colaborar na construção da nossa casa comum" (LS, n. 13).

Em alguns contextos, a DSI fala de **solidariedade**, substituindo a expressão tradicional de ***caridade social***. Segundo Souza (2017), "o termo é uma derivação da palavra latina *solidum* (inteiro, comum, todo) e sua utilização foi inicialmente de tipo jurídico. Inicialmente, designava o tributo que os devedores deveriam pagar para saldar um débito comum indivisível".

À luz da fé, a solidariedade reveste-se de dimensões especificamente cristãs: o próximo não é somente um ser humano com direitos iguais aos demais, mas é também um ser criado à imagem e semelhança de Deus Pai, resgatado pelo sangue de Jesus Cristo sob a força dinâmica do Espírito Santo. A solidariedade é também um princípio que promove a ordem social, segundo o qual o ser humano deve contribuir com seus semelhantes pelo bem comum, em todos os níveis. Desse modo, "O termo solidariedade, empregado pelo Magistério, exprime em síntese a exigência de reconhecer, no conjunto dos liames que unem os homens e os grupos sociais entre si, o espaço oferecido à liberdade humana para prover o crescimento comum, compartilhado por todos" (CDSI, n. 194).

Podemos perceber, na sociedade, algumas manifestações práticas do princípio de solidariedade. No mundo do trabalho, as questões acerca da distribuição de bens, da remuneração salarial, da criação e manutenção de postos de trabalho podem ser vistas como esforços em favor de uma ordem social mais justa, de modo a encontrar mais facilmente uma saída para a resolução dos problemas sócio-econômicos.

O que fica evidente para nós é que os sistemas políticos, econômicos, culturais e religiosos exigem um caráter de interdependência determinante nas relações do mundo contemporâneo. A Igreja propõe diversas formas de solidariedade: de ordem econômico-social, entre ricos e pobres, dos pobres entre si, entre trabalhadores e empresários; de ordem cultural, entre povos, etnias e nações.

A encíclica *Sollicitudo Rei Socialis*, de João Paulo II, coloca de modo claro que a resposta correlativa, como atitude moral e social e até mesmo como virtude, é a solidariedade (SRS, n. 38). Contudo, acentua que "a solidariedade não se trata de um sentimento de compaixão vago ou de enternecimento superficial pelos males sofridos por tantas pessoas próximas ou distantes" (SRS, n. 38), ao contrário, coloca-a como "a determinação firme e perseverante de se empenhar pelo bem comum; ou seja, pelo bem de todos e de cada um, porque todos nós somos verdadeiramente responsáveis por todos" (SRS, n. 38).

A solidariedade é uma virtude humana, mas também é um dom cristão que corresponde ao seguimento de Jesus Cristo e à ação do Espírito Santo. É a autêntica manifestação de caridade, que, por sua vez, é sinal distintivo dos discípulos de Jesus Cristo. Quando os interesses não partem dessa perspectiva solidária, a avidez pelo lucro e poder desmedidos entrava o desenvolvimento integral de uma sociedade, revelando-se nessas atitudes as estruturas de pecado, marcas da ambiguidade humana.

Para superarmos essa postura moral antissocial, precisamos da graça divina acompanhada de uma atitude diametralmente oposta a essa postura: a aplicação efetiva em prol do bem do próximo, com a disponibilidade, em sentido evangélico, para "perder-se" em benefício do próximo em vez de explorá-lo, e para servi-lo em vez de oprimi-lo para proveito próprio (SRS, n. 38). A raiz mais profunda da solidariedade na perspectiva da fé está na pessoa de Jesus que, mais do que se revelar solidário com toda a humanidade, entrega a própria vida por ela como a forma mais elevada de amor e solidariedade (Jo 1,1-14; I Jo 3,16; I Tm 2,6).

A vida social não é um acréscimo, mas uma necessidade, algo inerente à natureza humana, que clama por comunhão. Por essa razão, há uma obrigação antropologicamente ética e moral de estarmos conscientes, tanto como cristãos quanto como cidadãos, de que nas próprias ações e decisões temos de considerar os outros e mesmo as futuras gerações (Docat, n. 102).

3.4 Princípio da subsidiariedade

O princípio da subsidiariedade postula que cada tarefa social deve ser confiada, em primeiro lugar, a pequenos grupos que sejam capazes de resolvê-la. As comunidades maiores ou as instâncias imediatamente superiores devem assumir a competência de tal tarefa quando o grupo ou unidade inferior não for capaz de resolver o problema. Do mesmo modo, quando os grupos e instâncias inferiores precisam de ajuda, as instâncias superiores devem ajudar com prontidão.

De acordo com a encíclica *Centesimus Annus*, "uma sociedade de ordem superior não deve interferir na vida interna de uma sociedade de ordem inferior, privando-a das suas competências, mas, antes, deve apoiá-la em caso de necessidade, e ajudá-la a coordenar a sua ação com a dos demais componentes sociais, com vista ao bem comum" (CA, n. 48).

O fundamento desse princípio está no exercício da liberdade e da responsabilidade de cada grupo ou instância, evitando-se a interferência desnecessária de níveis superiores em assuntos que os níveis inferiores são capazes de resolver (CNBB, 2004, p. 64-65). Tem por objetivo proteger as pessoas, as comunidades locais e os grupos do perigo de perder sua legítima autonomia e evitar o absolutismo político e a excessiva centralização dos poderes do Estado sobre as instituições locais.

Esse princípio pode ser aplicado em vários outros âmbitos da vida social, como na Igreja, na família, na educação, na economia, na cultura e no trabalho e deve ser respeitado no processo de tomadas de decisão. Como afirma o *Compêndio da Doutrina Social da Igreja* (CDSI), a rede dessas relações estimula o tecido social e lança os fundamentos de uma autêntica comunidade de pessoas, "tornando possível o reconhecimento de formas mais elevadas de sociabilidade" (CDSI, n. 185).

Na família e na escola, o princípio de subsidiariedade procura prezar para que cada membro da família ou cada aluno faça aquilo que é capaz de fazer, respeitando a iniciativa e a responsabilidade de cada um. "Por exemplo, quando uma família tem problemas, o Estado só pode intervir se a família ou os pais são impotentes para encontrar a solução" (Docat, n. 95).

No que diz respeito ao Estado, esse princípio busca zelar pela autonomia das instâncias sociais, sem que o governo substitua a responsabilidade desses grupos, que podem atuar na educação, na saúde e na assistência social. No âmbito econômico, o princípio permite que se reconheçam as iniciativas privadas na relação com as instituições públicas, assim como possibilita a ambas favorecer de modo responsável o crescimento da sociedade como um todo. No âmbito empresarial, o objetivo desse princípio é promover a iniciativa no trabalho, a autonomia de gestão e a capacidade de decisão. No âmbito internacional, deve orientar a solidariedade com os países em desenvolvimento, de modo a favorecer as iniciativas de seus habitantes nativos.

A aplicação desse princípio é imperativa quando se trata da relação dos Estados nacionais com as Nações Unidas ou no caso dos países europeus com a União Europeia. As instâncias superiores devem intervir quando um Estado despreza e/ou desrespeita direitos humanos ou internacionais.

Em síntese, as questões que dizem respeito à vida em comum não podem simplesmente ser entregues "aos que estão acima", apenas pelo fato de serem superiores no exercício do poder. É preciso que todas as instâncias estejam envolvidas, considerando-se suas escalas de importância local. Até mesmo as iniciativas individuais devem ser apoiadas como espaço significativo de cidadania e promoção da dignidade de cada pessoa.

3.5 Princípio da participação

O princípio da participação consiste, ao mesmo tempo, em um direito e um dever social, inerentes à dignidade humana, e é consequência da subsidiariedade. O *Catecismo da Igreja Católica* (CIC) diz que "a participação é o empenho voluntário e generoso da pessoa nas permutas sociais. É necessário que todos tomem parte, cada qual segundo o lugar que ocupa e o papel que desempenha, na promoção do bem comum" (CIC, n. 1913).

O Papa Bento XVI, em seu discurso inaugural à V Conferência de Aparecida[3], recorda que a Igreja é "convocada a ser 'advogada da justiça e defensora dos pobres' diante das 'intoleráveis desigualdades sociais e econômicas', que 'clamam ao céu'" (Celam, 2007). Trata-se de compreendermos que a DSI é uma dimensão substancial da fé cristã e está implícita nela, a qual implica nosso comprometimento e participação na sociedade. Ainda em outro trecho de seu discurso, Bento XVI coloca:

> A fé nos liberta do isolamento do eu, porque nos leva à comunhão: o encontro com Deus é, em si mesmo e como tal, encontro com os irmãos, um ato de convocação, de unificação, de responsabilidade para com o outro e para com os demais. Neste sentido, a opção preferencial pelos pobres está implícita na fé cristológica naquele Deus que se fez pobre por nós, para enriquecer-nos com a sua pobreza (cf. 2Cor 8,9). (Celam, 2007, p. 273)

Esse engajamento social se realiza, primeiramente, em instâncias de caráter pessoal que dizem respeito ao bem comum, ou seja, na

3 A V Conferência Geral do Episcopado Latino-Americano e do Caribe, ou *Conferência de Aparecida*, foi inaugurada pelo Papa Bento XVI em Aparecida do Norte e aconteceu entre os dias 13 e 31 de maio de 2007. O tema dessa conferência foi "Discípulos e Missionários de Jesus Cristo, para que nele nossos povos tenham vida", inspirado na passagem bíblica do Evangelho de João: "Eu sou o Caminho, a Verdade e a Vida" (Jo 14,6). A Conferência foi convocada pelo Papa João Paulo II, confirmada pelo Papa Bento XVI e organizada pelo Conselho Episcopal Latino-Americano, com o auxílio da Pontifícia Comissão para a América Latina.

responsabilidade assumida pelos indivíduos conscientes de fazerem parte de um todo coletivo que perpassa a participação de cada um. Por exemplo, quando uma pessoa se encarrega dos setores em que assume uma responsabilidade pessoal, pelo cuidado na educação da família e pela consciência com que realiza o seu trabalho, ela participa e colabora para o bem dos outros e da sociedade (CIC, n. 1914).

Nesse sentido, a participação dos cidadãos na sociedade é uma pedra angular da democracia, visto que esta não pode ser reduzida à formalidade do voto. Evidentemente, também é importante na dimensão da fé os cristãos procurarem a participação solidária no destino da sua comunidade civil, assumindo, desse modo, sua responsabilidade na construção do mundo (Docat, n. 98). Os cidadãos devem, tanto quanto possível, tomar parte ativa na vida pública, ainda que os canais e o modo de participação possam variar de um país para outro ou de uma cultura para outra (CIC, n. 1915).

Assim, para que a justiça participativa realmente aconteça, ela deve ser um direito garantido e um princípio exercido por todos os cidadãos, e não somente por alguns privilegiados na sociedade. "A real participação de todos é o cerne da justiça participativa, a qual representa um momento absolutamente decisivo da justiça social" (Docat, n. 99). Pela participação se desenvolve a corresponsabilidade de todos sem falsa dependência. É um modo de promoção da dignidade de cada pessoa humana e do bem comum que implica a sã consciência dos direitos e deveres de todos os cidadãos.

Síntese

Neste capítulo, refletimos sobre os princípios da DSI, identificando as linhas mestras que regem sua perspectiva social nos mais variados contextos históricos como princípios permanentes do ensinamento social católico. Você aprendeu que ao reconhecimento da dignidade humana unem-se dinamicamente quatro princípios fundamentais da Igreja referentes às questões sociais: do **bem comum**; da **solidariedade**, da **subsidiariedade** e da **participação**. Eles são referência fundamental para as questões da vida em sociedade e devem ser integrados um ao outro, como o paradigma que nos permite ver e avaliar as questões sociais que se apresentam à luz da fé.

Além disso, demonstramos que o princípio da participação consiste em um direito e, ao mesmo tempo, em um dever social, inerente à dignidade humana, que perpassa a dimensão sociológica e que pode ser identificado também como consequência característica da subsidiariedade. Nesse sentido, ele compõe a dimensão intrinsecamente social da fé e a dimensão ética no exercício da cidadania. Assim, apresentamos a você a importância de tomarmos parte ativa na vida pública, ainda que os modos de participação possam variar de acordo com as competências pessoais, sociais e políticas de cada cidadão.

Atividades de autoavaliação

1. Ao conhecer os princípios da Doutrina Social da Igreja, é fundamental partirmos do ponto inicial, que justifica seu lugar básico na reflexão moral. Qual é o princípio capital da Igreja, ao qual se unem os outros quatro princípios fundamentais, referente às questões sociais?
   a) O reconhecimento da justiça.
   b) O reconhecimento da dignidade humana.
   c) O reconhecimento da fé.
   d) O reconhecimento da igualdade.

2. Assinale (V) para verdadeiro e (F) para falso:
   ( ) O princípio de dignidade é aplicável apenas aos cristãos que professam sua fé em Deus Criador.
   ( ) Os princípios fundamentais da Doutrina Social da Igreja não dizem respeito aos aspectos culturais, familiares, políticos e econômicos.

( ) Para a Igreja, o conceito de dignidade humana é substância ética fundamental de bens e valores aos quais não se pode jamais renunciar.

( ) O cristianismo fundamenta a dignidade humana baseado no princípio criador de sacralidade do ser humano, o que é corroborado pela encarnação do Filho de Deus.

Assinale a alternativa que apresenta a sequência correta:

a) V, V, F, F.
b) V, V, F, V.
c) V, F, V, V.
d) F, F, V, V.

3. Quais são os princípios fundamentais da Doutrina Social da Igreja?
   a) Bem comum, justiça, liberdade e verdade.
   b) Justiça, amor, compaixão, participação.
   c) Igualdade, liberdade e fraternidade.
   d) Bem comum, solidariedade, subsidiariedade e participação.

4. Leia atentamente as afirmações a seguir.
   I. A solidariedade é um princípio social e uma virtude moral da vida em sociedade, segundo o qual o ser humano deve contribuir com seus semelhantes para o bem comum, em todas as instâncias.
   II. A dimensão de sociabilidade é instrínseca à pessoa humana e, embora marcada pelo pecado, confere uma inclinação natural para a solidariedade entre pessoas, povos e estruturas sociais.
   III. A Igreja propõe diversas formas de solidariedade: de ordem econômico-social, entre ricos e pobres, dos pobres entre si, entre trabalhadores e empresários; culturais, entre povos, etnias e nações.
   IV. A solidariedade é um sentimento de pena ou um enternecimento superficial pelos males sofridos por tantas pessoas próximas ou distantes.

Assinale a alternativa correta:

a) As afirmativas I e II estão corretas.
b) As afirmativas I, II e III estão corretas.
c) As afirmativas III e IV estão corretas.
d) As afirmativas I, II e IV estão corretas.

5. Assinale a alternativa que completa a lacuna do parágrafo a seguir, identificando o princípio ao qual ele se refere.

O princípio ______________ consiste em que cada tarefa social seja confiada em primeiro lugar a pequenos grupos que sejam capazes de resolvê-la. As comunidades maiores ou as instâncias imediatamente superiores devem assumir a competência de tal tarefa quando o grupo ou unidade inferior não for capaz de resolver o problema. Todavia, quando os grupos e instâncias inferiores precisam de ajuda, as instâncias superiores devem, com prontidão, ajudar.

a) da solidariedade.
b) do bem comum.
c) da liberdade.
d) da subsidiariedade.

Atividades de aprendizagem

Questões para reflexão

1. No discurso inaugural da V Conferência Geral do Episcopado Latino-Americano e do Caribe, realizado em Aparecida (2007), o Papa Bento XVI recordou que, diante das "intoleráveis desigualdades sociais e econômicas" que "clamam ao céu", a Igreja é convocada a "ser advogada da justiça e defensora dos pobres" (Celam, 2007). Leia a seguir o trecho do discurso:

> Neste esforço em vista de conhecer a mensagem de Cristo e de a transformar na guia da própria vida, é preciso recordar que a evangelização sempre esteve unida à promoção humana e à autêntica libertação cristã. *"Amor a Deus e amor ao próximo fundem-se num todo: no mais pequenino, encontramos o próprio Jesus e, em Jesus, encontramos Deus"* (*Deus caritas est*, 15). Por este mesmo motivo, será inclusive necessária uma catequese social e uma adequada formação na doutrina social da Igreja, sendo muito útil para isto o *Compêndio da Doutrina Social da Igreja"*. A vida cristã não se expressa unicamente nas virtudes pessoais, mas também nas virtudes sociais e políticas. (Celam, 2007, p. 274)

Registre, com suas palavras, como a Doutrina Social da Igreja pode iluminar nossa participação na sociedade em prol do bem comum.

2. Leia atentamente o primeiro parágrafo da constituição pastoral *Gaudium et spes*, do Concílio Vaticano II:

> As alegrias e as esperanças, as tristezas e as angústias dos homens de hoje, sobretudo dos pobres e de todos aqueles que sofrem, são também as alegrias e as esperanças, as tristezas e as angústias dos discípulos de Cristo; e não há realidade alguma verdadeiramente humana que não encontre eco no seu coração. Porque a sua comunidade é formada por homens, que, reunidos em Cristo, são guiados pelo Espírito Santo na sua peregrinação em demanda do reino do Pai, e receberam a mensagem da salvação para a comunicar a todos. Por este motivo a Igreja sente-se real e intimamente ligada ao gênero humano e à sua história. (GS, n. 1)

Reflita sobre esse texto e escreva uma ou duas citações bíblicas que exemplifiquem essas características dos verdadeiros discípulos de Cristo.

Atividade aplicada: prática

1. Neste terceiro capítulo, estudamos sobre os princípios da Doutrina Social da Igreja (bem comum, solidariedade, subsidiariedade e participação). Redija um diário de bordo identificando, com base em uma análise social do contexto atual, exemplos de situações concretas para aplicação de cada um dos princípios abordados.

4
Valores da Doutrina Social da Igreja[1]

1 Todas as passagens bíblicas indicadas neste capítulo são citações de Bíblia (1995).

Neste capítulo, identificaremos os principais valores que conferem o suporte e o estofo moral e ético à Doutrina Social da Igreja (DSI). Uma vez identificados, no capítulo anterior, os princípios que orientam sua ação e reflexão nas questões sociais, nosso enfoque agora será nos valores morais que movem esses princípios. O reconhecimento de um sistema de valores em consonância com a verdade sobre o ser humano reforça o compromisso com sua dignidade na vida social.

Há uma estreita relação entre princípios e valores sociais. Estes exigem tanto a prática dos princípios fundamentais da vida social quanto o exercício das virtudes pessoais e, portanto, das atitudes morais correspondentes aos mesmos valores. Para a Igreja, os valores sociais evidenciam o primado da pessoa humana, concreta, com suas questões reais, e recordam a prevalência da ética sobre a técnica e sobre a economia como bem integral do ser humano e de toda a sociedade.

Para atingir a perfeição pessoal e uma existência social mais humana é necessário adequar a conduta a esses valores. Eles constituem, portanto, as bases de uma sociedade digna do ser humano e são ponto de referência indispensável para qualquer comportamento na vida social no âmbito da cultura, da política, da economia etc.; tanto mais quanto maior são suas responsabilidades. Uma cultura cresce, progride e prospera na medida em que sua assimilação dos valores fundamentais igualmente cresce, progride e prospera. Desse modo, eles apontam atitudes para a prática que requerem uma disposição específica dos atores sociais e das instituições apropriadas para promovê-los na vida social.

Apresentaremos a seguir os valores fundamentais que embasam e norteiam a prática da DSI, a saber, os valores da **verdade**, da **justiça**, da **liberdade**, e da **caridade**, como base primordial dos valores. Assim como os princípios, tais valores relacionam-se entre si e, ao se relacionarem, cada um deles reveste os demais de sua própria importância para a sobrevivência e promoção da vida social.

4.1 Valores da vida em sociedade

Para a pessoa humana, a vida social não é um acessório, mas uma dimensão natural, essencialmente antropológica. Aristóteles, em *A política* (1998, p. 6), evidencia a inclinação do ser humano à vida em sociedade, definindo-o como *zóon politikón*, expressão que São Tomás traduziu por *animal sociale et politicum*. Assim, "o homem é um animal cívico, mais social do que as abelhas e os outros animais que vivem juntos. [...] temos a mais, senão o conhecimento desenvolvido, pelo menos o sentimento obscuro do bem e do mal, do útil e do nocivo, do justo e do injusto" (Aristóteles, 1998, p. 5).

A vida humana é assinalada por uma tensão entre suas dimensões individual e social. Contudo, essa tensão não comporta contraposições, mas uma complementaridade dialógica que reforça a verdade de que o ser humano sozinho não pode cumprir sua missão. Sua natureza se desenvolve sobre a base de uma subjetividade relacional: considerada em sua natureza espiritual, a criatura humana se realiza nas relações interpessoais.

A sociedade se desenvolve mediante o estabelecimento de diversos tipos de comunidade e de associações, com o objetivo de alcançar várias finalidades. As metas humanas são múltiplas e diversas são as tipologias dos vínculos entre as pessoas – como amor, família, etnia, língua, território, cultura etc. Pode-se perceber que as mais variadas relações entre objetivos e vínculos construíram um mosaico de sociedades, podendo elas serem constituídas de poucas pessoas, como a família, ou de um número maior, como uma associação, uma cidade, um estado. uma comunidade internacional etc.

A sociedade não se constitui primariamente por uma finalidade contratual e utilitarista, mas por objetivos humanos, portanto, de valores voltados para o amor e para a caridade. São eles que aprimoram a vida em sociedade em vista do bem comum. Bento XVI disse que "tal doutrina é *caritas in veritate in re sociali*, ou seja, a proclamação da verdade e do amor de Cristo na sociedade; é serviço da caridade, mas na verdade. Esta preserva e exprime a força libertadora da caridade nas vicissitudes sempre novas da história" (CV, n. 5).

Nessa trama de valores são costuradas as relações nas mais variadas esferas da vida em sociedade, tendo como fio condutor o bem comum, habilitado pela caridade, que perpetra a dignidade humana de cada pessoa. Assim, vemos a intrínseca relação entre os princípios e os valores da DSI para a práxis pastoral.

Como afirma Boeing (2009), se a cultura é a alma da sociedade, os valores são, por sua vez, a alma da cultura. Ou seja, existe um universo cultural no qual nascemos, crescemos e nos desenvolvemos como seres humanos, diante do qual devemos assumir ou rejeitar a herança cultural de forma livre e crítica, dependendo dos valores agregados ou dos contravalores desumanizantes presentes. Por essa razão, a grandeza de uma cultura é sempre proporcional à de seus valores.

4.2 Valor da verdade

O Evangelho ensina que Jesus Cristo apresenta o conhecimento da verdade como algo libertador e que a vocação cristã consiste em dar testemunho dela no mundo. Ele deu testemunho da verdade anunciando o Evangelho aos pobres e revelando em suas relações e ações o rosto misericordioso do Pai. Contudo, ao ser questionado por Pilatos sobre o que é a verdade, permaneceu em silêncio, evidenciando sua Pessoa como resposta eloquente (Jo 8,32; 18,37-38). Vejamos etimologicamente o conceito de **verdade**:

> Em grego verdade é *alétheia*. "A" indica negação, "léthe" significa esquecimento e "lethanō", fazer esquecer. Ou seja, **a verdade é o não esquecido, a automanifestação da realidade ao conhecimento das pessoas.** Assim, o conhecimento da verdade se assemelha ao olhar distanciado, que capta os contornos objetivos na realidade dos seres tal como eles se manifestam. O contrário disso

é a aparência, a obscuridade, o esquecimento ou o encobrimento, intencional ou não, da realidade das coisas.

Em latim verdade é *veritas*. No campo da linguagem, refere-se à narrativa que relata os fatos tais quais acontecidos. O contrário de verdade é imprecisão ou, em casos de má-fé e descaro, a mentira pura e simples.

Em hebraico verdade é *'emet* e *'emunah*, sendo que *'emet* refere-se ao aspecto verbal da linguagem (enunciado, promessa, mandamento) e *'emunah* à qualidade pessoal no sentido de confiança e fidelidade. A palavra *amém*, "assim seja", também faz parte do campo semântico da verdade.

Sendo assim, na tradição bíblica a verdade envolve pessoas, fundamentalmente Deus, mas também os homens, e tem o sentido de fidelidade e confiança. (Cordeiro, 2016, grifo do original)

Com efeito, o valor da verdade não pode ser reduzido a uma dimensão intimista, despersonalizada de seu caráter social. João XXIII sustenta que o viver na verdade tem um significado especial nas relações sociais. A convivência humana em uma comunidade é efetivamente ordenada, fecunda e condizente com a dignidade de pessoas quando se funda na verdade (PT, n. 265-266).

Francisco afirma que a verdade anda de mãos dadas com a beleza e o bem (EG, n. 142). Nesse sentido, não é uma realidade abstrata nem se trata de silogismos frios, porque remete à beleza e à prática efetiva do bem. Por essa razão, a palavra da Escritura, antes de ser exigência, é dom. Ela une a verdade e a fé como elementos tangíveis e intimamente ligados, em meio à crise de verdade em que vivemos.

Na encíclica *Lumen Fidei*, assinala-se que, na cultura contemporânea, aceitamos como verdadeiro apenas aquilo que o ser humano consegue mensurar com a ciência, utilizando como critério de verdadeiro aquilo que funciona, que torna a vida mais prática (LF, n. 25).

> Esta verdade parece ser hoje, a única certa, a única partilhável com os outros, a única sobre a qual se pode conjuntamente discutir e comprometer-se; depois haveria as verdades do indivíduo, como ser autêntico face àquilo que cada um sente no seu íntimo, válidas apenas para o sujeito, mas que não podem ser propostas aos outros com a pretensão de servir o bem comum. A verdade grande, aquela que explica o conjunto da vida pessoal e social, é vista com suspeita. (LF, n. 25)

Desse modo, vimos a necessidade de superarmos tal visão estreita e redutora da verdade, que nos impede por vezes de reconhecê-la para além de seu âmbito individualista, como um valor social em sua objetividade moral, no exercício da cidadania e na práxis da fé.

O respeito pela verdade é, portanto, um dos pilares indispensáveis para edificar a vida humana. Segundo Colom (2006, p. 138), tal respeito tem um significado particular na vida em sociedade, pois uma comunidade não fundada sobre a verdade ruma à decadência; por outro lado, quanto mais as pessoas e instituições se esforçam por conhecer e viver em coerência com a verdade, mais facilmente podem alcançar o verdadeiro bem pessoal e social. Sobre esse assunto, o *Compêndio da Doutrina Social da Igreja* (CDSI) afirma:

> Viver na verdade tem um significado especial nas relações sociais: a convivência entre os seres humanos em uma comunidade é efetivamente ordenada, fecunda e condizente com a sua dignidade de pessoas quando se funda na verdade. Quanto mais as pessoas e os grupos sociais se esforçam por resolver os problemas sociais segundo a verdade, tanto mais se afastam do arbítrio e se conformam às exigências objetivas da moralidade. (CDSI, n. 198)

Para a Igreja, a verdade é um valor cujo reflexo é sentido na política, na educação, na economia e no cotidiano da vida. Como podemos observar no contexto atual de nossa sociedade, a busca desmedida pelo dinheiro faz com que surjam questões sociais cada vez mais urgentes, decorrentes da ausência da verdade, que requerem necessariamente transparência e honestidade no âmbito pessoal e social (CDSI, n. 198).

4.3 Valor da justiça

A DSI assume a justiça como um valor fundamental, decorrente da própria fé, e rejeita as desigualdades e iniquidades sociais. O conceito clássico de justiça a considera virtude própria da vida em sociedade, e adquire, por esse motivo, um valor geral entre as virtudes, na medida em que a vida moral pessoal se insere no quadro da sociedade, consistindo na permanente e firme vontade de dar a Deus e ao próximo o que lhes é devido (CIC, n. 1807).

Na Bíblia, o conceito de **justiça** aparece como uma das ideias centrais, marcado por paralelos e contextos diversos. Segundo Vaz (2012), no Antigo Testamento, a justiça tem vários matizes, pois só a raiz *ṣdq* (como verbo, adjetivo e substantivo) aparece 523 vezes, focando a justiça distributiva, retributiva, vindicativa, social e direitos humanos. Em alguns contextos aparece como um aspecto da misericórdia e do amor.

Nesse sentido, a **justiça de Deus**, tão falada na Bíblia hebraica, não consiste no fato de Ele dever algo ao ser humano, mas sim naquilo que Ele deve a si mesmo em vista do bem que deseja para o ser humano. Desse modo, a justiça de Deus prolonga sua verdade e fidelidade por meio da aliança com o seu povo, manifestando assim sua fidelidade a esta.

A virtude da justiça se encontra na base da ordem social, como salvaguarda da dignidade humana. Do ponto de vista subjetivo, ela consiste em reconhecer o outro como pessoa, e do ponto de vista objetivo, constitui-se em critério determinante da moralidade no âmbito interpessoal e social. De acordo com Boeing (2009), a justiça no reconhecimento e respeito à igualdade de cada pessoa e cultura resultará do trabalho contínuo para arrancar os preconceitos pela raiz, numa atitude de conversão permanente. Em cada comunidade, os membros têm a corresponsabilidade de convocar uns aos outros para tornar os direitos humanos uma realidade na vida cotidiana.

Em relevo mais amplo, quando se fala em justiça social, costuma-se referir-se à esfera econômica, política, principalmente no que se confere aos aspectos de caráter institucional, em vista do bem comum.

> Uma política democrática consiste justamente em propiciar ações capazes de superar o distanciamento entre carências e privilégios, determinados pela desigualdade econômica, social e política, que contrariam o princípio da igualdade. O desafio é passar das carências para a defesa dos interesses comuns que garantam a cidadania. Por meio desse caminho, será possível a efetivação de uma sociedade que inclua a todos, garantindo a justiça social. (Boeing, 2009)

Assim, podemos entender a justiça como valor que se efetiva nas microrrelações interpessoais e nas macrorrelações sociais, seja de caráter jurídico, seja de natureza econômica, cultural ou política. Esse reconhecimento da justiça tem suas raízes tanto como valor no exercício da cidadania quanto como valor decorrente da fé cristã e em nenhum âmbito pode ser negado ou reduzido em sua abrangência social.

4.4 Valor da liberdade

A DSI assume a liberdade humana como um valor inalienável, posto que a liberdade é o sinal mais evidente da dignidade da pessoa humana criada à imagem e semelhança de Deus (Cordeiro, 2016). Esse valor reconhece a capacidade da pessoa em escolher e decidir como ser dotada de responsabilidade, repugnando assim toda forma de manipulação e opressão que ameaça sua dignidade.

A liberdade é uma noção presente na filosofia clássica, mas a reflexão cristã sobre seu valor lhe conferiu profundidade e extensão moral. Jesus afirma no Evangelho que "a verdade nos libertará" (Jo 8,32). A instrução *Libertatis Conscienti*, da Congregação para Doutrina da Fé, indica que essa verdade, cuja fonte é Deus, tem seu centro em Jesus Cristo e é dEle que a Igreja recebe aquilo que ela oferece à humanidade. De fato, "é de Cristo redentor que partem o seu pensamento e a sua ação, quando, diante dos dramas que dilaceram o mundo, ela reflete sobre o significado e os caminhos da libertação e da verdadeira liberdade" (LC, n. 3).

A liberdade, como bem intrínseco à natureza humana, não se limita aos aspectos puramente individuais, mas também apresenta notável importância para a realização do bem comum. A DSI considera que a autêntica liberdade não pode se realizar na total autonomia do eu nem na ausência de relações, mas realiza-se verdadeiramente quando laços recíprocos, regidos pela verdade e pela justiça, unem as pessoas (CDSI, n. 199).

Assim, a liberdade só é compreendida na medida em que é amparada, também no âmbito social, no conjunto das suas dimensões, conforme o CDSI apresenta:

> O valor da liberdade, enquanto expressão da singularidade de cada pessoa humana, é respeitado e honrado na medida em que se consente a cada membro da sociedade realizar a própria vocação pessoal; buscar a verdade e professar as próprias ideias religiosas, culturais e políticas; manifestar as próprias opiniões; decidir o próprio estado de vida e, na medida do possível, o próprio trabalho; assumir iniciativas de caráter econômico, social e político. (CDSI, n. 200)

Por essa razão, a liberdade como direito social deve ocorrer em um adequado contexto jurídico, no respeito ao bem comum e nos limites da ordem pública, sob o signo da responsabilidade.

Nessa perspectiva, como recorda Colom (2008, p. 142), a estrutura social influencia o livre agir das pessoas, sendo que, por vezes, as circunstâncias externas podem favorecer ou impedir o crescimento da liberdade. Contudo, há ainda a dimensão interior da liberdade, pois a condição social não basta como afirmação ou negação da liberdade e da dignidade humana, embora seja a forma mais visível e evidente desse valor.

4.5 Valor maior da caridade

Os valores fundamentais da DSI ganham significado evangélico quando partem da caridade. Deus é amor (1Jo 4,8), e a caridade é a via-mestra da DSI, como afirma Bento XVI em sua carta encíclica *Caritas in Veritate*, na qual ele ainda recorda que as diversas responsabilidades e compromissos delineados derivam da caridade, que é a síntese de toda a Lei (Mt 22,36-40). De fato, "a caridade dá verdadeira substância à relação pessoal com Deus e com o próximo; é o princípio não só das microrrelações estabelecidas entre amigos, família, no pequeno grupo, mas também das macrorrelações como relacionamentos sociais, econômicos, políticos" (CV, n. 2).

Dessa maneira, pretende-se falar da caridade social, entendida tanto como valor quanto como princípio que, por sua dimensão englobante, torna-se critério ético e elemento orientador do agir moral. O CDSI, citando a encíclica *Pacem in Terris*, de João XXIII, aponta que os valores da verdade, da justiça, do amor e da liberdade nascem e se desenvolvem do manancial interior da caridade, uma vez que o amor faz sentir como próprias as carências e exigências alheias e torna sempre mais intensas a comunhão dos valores espirituais e a solicitude pelas necessidades materiais (CDSI, n. 205).

É importante considerar a caridade para além de um âmbito intimista, apenas entre indivíduos, isolados de seu potencial social. A caridade social nos leva a buscar o bem comum, considerando o bem de todas as pessoas, não só de forma individual, mas também na dimensão social que as une. Contudo,

> para que tudo isto aconteça, é necessário que se cuide de mostrar a caridade não só como inspiradora da ação individual, mas também como força capaz de suscitar novas vias para enfrentar os problemas do mundo de hoje e para renovar profundamente desde o interior das estruturas, organizações sociais, ordenamentos jurídicos. (CDSI, n. 207)

A caridade é um valor absolutamente imprescindível para potencializar a autêntica dignidade de cada pessoa de forma integral. A caridade evangélica é o coração pulsante da vida cristã e deve se estender ao exercício da cidadania, plasmando uma sociedade mais humana em nível político, econômico, cultural e fomentando atitudes e tomadas de decisão voltadas à transformação social.

Por essa razão, consideramos que a prática de todas as virtudes, também em seu aspecto social, esteja animada e inspirada pela caridade, que, segundo o Catecismo da Igreja Católica (CIC, n. 1827), é o vínculo da perfeição, fonte e cume de toda a existência cristã.

Contudo, de acordo com Colom (2006, p. 23-24), o primado da caridade não implica que as exigências de outras virtudes estejam anuladas, como se somente o amor bastasse para desculpar qualquer negligência em relação aos outros valores morais. Pelo contrário, a caridade abrange as demais virtudes não porque anula seus objetos formais próprios, mas sim porque é exatamente a causa final e eficiente dos outros valores, dos quais, consequentemente, sua prática está impregnada.

Síntese

Neste capítulo, verificamos que na DSI os valores conferem o suporte e o estofo moral e ético da vida em sociedade. Trata-se, portanto, do reconhecimento real e prático de um sistema de valores razoável com a verdade sobre o ser humano que robustece o compromisso com o bem comum. Os valores constituem as bases de uma sociedade digna e são ponto de referência indispensável para qualquer comportamento na vida social, seja no âmbito da cultura, seja da política ou da economia. São eles: a verdade, a justiça, a liberdade, e a caridade, como guia-mestra do agir moral. Colocados em prática, eles aprimoram a vida social no sentido da dignidade humana e do bem comum.

Vimos ainda que a verdade é um valor ensinado por Jesus Cristo como realidade libertadora, e que dar testemunho dela na sociedade está na essência da vocação cristã. Analisamos também o conceito de *justiça*, apresentada como fundamental, que é um valor que se efetiva nas micro e macrorrelações sociais, seja em caráter jurídico, seja econômico, cultural ou político. Sobre a liberdade, você viu que ela é assumida pela DSI como um valor inalienável da pessoa, sendo o sinal mais evidente de sua dignidade humana. Outro valor que apresentamos é a caridade, de onde provêm os outros valores. Ela faz com que uma pessoa sinta como próprias as carências e exigências do outro e torna sempre mais intensas a comunhão dos valores espirituais e a solicitude pelas necessidades materiais.

Atividades de autoavaliação

1. De acordo com o que você estudou neste capítulo, o reconhecimento real e prático de um sistema de valores compatível com a verdade sobre o ser humano reforça o compromisso com a dignidade das

pessoas na vida social. Quais são os valores propostos pela Doutrina Social da Igreja?

a) Verdade, justiça, liberdade e caridade.
b) Verdade, paz, amor e respeito.
c) Fé, justiça e paz.
d) Bem comum, solidariedade, subsidiariedade e participação.

2. Assinale (V) para verdadeiro e (F) para falso:

( ) A prática baseada nos valores é uma conduta necessária para atingir a perfeição pessoal e uma existência social mais humana.
( ) Os valores são ponto de referência indispensável para qualquer comportamento na vida social no âmbito da cultura, da política, da economia etc., tanto mais quanto maior forem suas responsabilidades.
( ) Para a Igreja, os valores sociais evidenciam o primado da pessoa humana, de cada pessoa concreta, com suas questões reais e recordam a prevalência da ética como bem integral do ser humano e de toda a sociedade.
( ) Os valores fundamentais que conferem o suporte, o estofo moral e ético da Doutrina Social da Igreja não têm caráter social de universalidade.

Assinale a alternativa que apresenta a sequência correta:

a) V, V, V, V.
b) V, V, F, F.
c) V, F, V, F.
d) F, F, V, V.

3. Leia o parágrafo seguinte:

A vida humana é assinalada por uma tensão entre suas dimensões individual e social. Contudo, essa tensão não comporta contraposições, mas uma complementaridade dialógica que reforça a verdade de que o ser humano sozinho não pode cumprir sua missão. Sua natureza se desenvolve sobre a base de uma subjetividade relacional: considerada em sua natureza espiritual, a criatura humana se realiza nas relações interpessoais.

Sobre esse texto, analise as afirmativas a seguir.

I. A vida social não é uma dimensão antropologicamente natural.
II. Essa tensão implica em ter de escolher entre viver para os outros ou viver para si mesmo.
III. A fé tem um caráter subjetivo e individual apenas.
IV. A vida social não se constitui primariamente por uma finalidade contratual e utilitarista, mas por objetivos antropologicamente voltados para o valor das relações em si.

Assinale a alternativa correta:

a) Nenhuma afirmativa está correta.
b) Todas as afirmativas estão corretas.
c) Apenas a afirmativa IV está correta.
d) Apenas as afirmativas I, II e III estão corretas.

4. Leia o parágrafo a seguir:

De acordo com o *Catecismo da Igreja Católica,*

> A justiça é a virtude moral que consiste na constante e firme vontade de dar a Deus e ao próximo o que lhes é devido. A justiça para com Deus chama-se virtude da religião. Para com os homens, a justiça leva a respeitar os direitos de cada qual e a estabelecer, nas relações humanas, a harmonia que promove a equidade em relação às pessoas e ao bem comum. (CIC, n. 1807)

Diante de tal afirmação a respeito do valor da justiça, assinale (V) para verdadeiro e (F) para falso.

( ) A virtude da justiça se encontra na base da ordem social, como salvaguarda da dignidade humana.

( ) Essa virtude implica uma justiça cega diante dos erros alheios.

( ) A justiça social deve ser praticada conforme a lei de talião: "olho por olho e dente por dente".

( ) A justiça leva a proteger os próprios direitos e a exigir do outro o cumprimento de seus deveres.

Assinale a alternativa que preenche corretamente os parênteses.

a) V, V, V, V.
b) V, V, F, F.
c) V, F, F, F.
d) F, F, F, F.

5. Assinale a opção que completa corretamente o texto a seguir:

O *Compêndio da Doutrina Social da Igreja*, citando a encíclica *Pacem in Terris*, de João XXIII, aponta que "os valores da verdade, da justiça, do amor e da liberdade nascem e se desenvolvem do manancial interior da____________________", uma vez que "o amor faz sentir como próprias as carências e as exigências alheias e torna sempre mais intensas a comunhão dos valores espirituais e a solicitude pelas necessidades materiais" (CDSI, n. 205).

a) verdade.
b) justiça.
c) solidariedade.
d) caridade.

Atividades de aprendizagem

Questões para reflexão

1. Para refletir, leia os parágrafos 197 e 198 do *Compêndio da Doutrina Social da Igreja*, que trata da relação entre princípios e valores.

> **A doutrina social da Igreja, ademais dos princípios que devem presidir à edificação de uma sociedade digna do homem, indica também valores fundamentais.** A relação entre princípios e valores é indubitavelmente de reciprocidade, na medida em que os valores sociais expressam o apreço que se deve atribuir àqueles determinados aspectos do bem moral que os princípios se propõem conseguir, oferecendo-se como pontos de referência para a oportuna estruturação e a condução ordenada da vida social. Os valores requerem, portanto, quer a prática dos princípios fundamentais da vida social, quer o exercício pessoal das virtudes, e, portanto, das atitudes morais correspondentes aos valores mesmos.
>
> **Todos os valores sociais são inerentes à dignidade da pessoa humana, da qual favorecem o autêntico desenvolvimento e são, essencialmente: a verdade, a liberdade, a justiça, o amor**. A sua prática constitui a via segura e necessária para alcançar um aperfeiçoamento pessoal e uma convivência social mais humana; eles constituem a referência imprescindível para os responsáveis pela coisa pública, chamados a realizar "as reformas substanciais das estruturas econômicas, políticas, culturais e tecnológicas e as mudanças necessárias nas instituições". O respeito pela legítima autonomia das realidades terrestres faz com que a Igreja não se reserve competências específicas de ordem técnica o temporal, mas não a impede de se pronunciar para mostrar como, nas diferentes opções do homem, tais valores são afirmados ou, vice-versa, negados. (CDSI, n. 197-198, grifo do original)

Comente com suas palavras a relação entre princípios e valores apresentada no trecho anterior.

2. A tradução popular da Doutrina Social da Igreja (Docat) reflete sobre esta questão: "Qual é a missão da Igreja no grande plano de Deus?". O documento responde:

> O grande plano do amor de Deus é a redenção e a salvação de todos os homens e mulheres pelo seu Filho Jesus Cristo. A Igreja existe porque Jesus nos convidou para estarmos com Ele numa profunda e redentora comunhão. Esta comunidade, o "corpo de Cristo", é a Igreja [...]. **A Igreja é o lugar no qual o ser humano se pode desenvolver no amor de Deus**. A Igreja não tem um fim em si mesma. Ela é responsável pelo ser humano e pela sociedade e deve, com a sua ação, contribuir para a paz e para o desenvolvimento da família humana. (Docat, n. 20, grifo do original)

O parágrafo 22 afirma que a Igreja tem uma doutrina social pelo fato de o ser humano ser ontologicamente social e que tanto no céu quanto na terra ele depende da comunidade. Isso justifica que, como cristãos católicos, nos fechemos em nós mesmos? Reflita e escreva sobre isso.

Atividade aplicada: prática

1. Em espírito de oração, leia atentamente o texto de Coríntios, capítulo 13, versículos de 1 a 13. Destaque no texto quais características da caridade você considera mais importantes praticar em sua vida e faça um programa de exercícios espirituais com base nessas virtudes.

5
Moral econômica[1]

1 Todas as passagens bíblicas indicadas neste capítulo são citações de Bíblia (1995).

A Doutrina Social da Igreja (DSI) tem abordado os vários aspectos da vida social com base em sua natureza, seus princípios e valores. Apresentaremos, a partir de agora, sua perspectiva moral no que se refere à economia e à política, dimensões que afetam profundamente a sociedade como um todo. A constituição pastoral *Gaudium et Spes*, ao tratar sobre a vida econômico-social, assinala a primazia em honrar e promover a dignidade de cada pessoa e de toda a sociedade (GS, n. 63).

Avalia-se que o progresso da economia, que poderia mitigar as desigualdades sociais, ao contrário, as tem agravado, atingindo negativamente os mais fracos e pobres com o declínio de sua condição social (GS, n. 64). Essa disparidade, presente no contexto socioeconômico de nossos povos, clama por uma moral social baseada na justiça e na equidade em favor do bem comum.

O atual cenário de crise econômica no país tem levado as instituições, principalmente financeiras, a diagnósticos sobre o mercado e seus desdobramentos que apontam para aspectos positivos e negativos, o que requer atenção especial. As consequências de ajustes de sobrevivência no mercado incidem sobre a vida de todos os cidadãos, mas enfaticamente sobre os mais vulneráveis economicamente.

Nesse contexto social, muitas vezes aqueles que detêm o poder do capital projetam, calculam e buscam saídas que garantam o próprio equilíbrio e lucro econômico. É imprescindível que não falte a perspectiva dos princípios e valores éticos, que ilumine a relação entre moral social e economia.

Neste capítulo, apresentaremos os elementos primordiais da moral econômica com base na DSI. Ainda que não caiba a esta fazer ciência econômica, compete a ela preocupar-se com a ordem econômica, na medida em que essa ordem afeta substancialmente o desenvolvimento humano e o bem comum. O olhar da Igreja sobre o crescimento do capital econômico leva em conta os aspectos éticos e morais desse crescimento, considerando nesse contexto o lugar do ser humano e também a sustentabilidade de toda a criação.

Assim, a moral social na perspectiva da economia propõe superar uma conduta individualista. Suas exigências éticas não se sobrepõem à moral individual, mas nascem da mesma estrutura social do ser humano. Nesse sentido, abordamos obrigações complementares, que se configuram como imperativos morais para cada pessoa.

Com base nessas premissas, trataremos nesse capítulo sobre o conceito de economia, sua função e finalidade social, sobre os bens econômicos e a relação entre moral, valor e dinheiro, procurando identificar a distinção entre eles, e sobre o sentido do trabalho na perspectiva da moral social. Tais temáticas exigem de nós uma releitura da economia sob a ótica da Doutrina Social da Igreja.

5.1 Conceito de economia

No senso comum, *economia* remete à ideia de boa distribuição e poupança de dinheiro, assim como de outros meios materiais ou imateriais. Ela trata também da produção, da distribuição e do consumo dos bens e serviços. Etimologicamente, a palavra *economia* é composta por *oikos* = "casa" e *nomein* = "gerenciar"; esta última, por sua vez, tem sua origem em *nomos* = "lei". Assim, está assentada no sentido de "direção ou administração de uma casa".

Para a Igreja, embora a atividade econômica seja conduzida por métodos próprios, deve ser exercida eticamente, dentro dos limites da ordem moral e segundo as normas da justiça social, correspondendo ao desígnio de Deus sobre o ser humano (CIC, n. 2426). Ou seja, a vida, em sua dimensão socioeconômica, deve ser respeitada com base na promoção da dignidade humana, que considere o ser humano "o protagonista, o centro e o fim de toda a vida econômica e social" (GS, n. 63).

No atual modelo econômico, o mercado é proclamado praticamente como um dogma, um caminho genérico de "salvação" para todos os povos, independentemente de tradições, valores, histórias ou costumes.

> A economia determina a vida coletiva do planeta, onde as empresas transnacionais são as instituições de controle privilegiadas e dominantes. Em tal lógica, os sistemas financeiros exercem maior

> controle do que as próprias transnacionais. Todos os mercados financeiros do mundo estão interligados. Essa nova "realidade" do biopoder (uso da vida como mercadoria e lucro) está transformando a face da comunidade internacional e gerando cada vez mais pobreza e destruição do meio ambiente. (Boeing, 2009)

Restringir a economia ao princípio do mercado estabelecido é uma forma redutora de pensar e atuar socialmente diante dos problemas econômicos. O Papa Francisco, em sua exortação apostólica *Evangelii Gaudium*, afirma que, "assim como o mandamento 'não matar' põe um limite claro para assegurar a vida humana, assim também hoje devemos dizer não a uma economia de exclusão e de desigualdade social" (EG, n. 53).

Segundo Boeing (2009), há uma espécie de "ética" do capital, que pode ser interpretada com base na maneira pela qual o capitalismo selvagem se comporta na prática socioeconômica. Esse capitalismo entende ser bom tudo aquilo que estimula e facilita a maximização de lucros e a acumulação de riqueza material e mau tudo aquilo que o impede de alcançar esses objetivos.

Dessa forma, os capitalistas rejeitam todo tipo de controle pelo Estado que vise à redistribuição dos benefícios oriundos da geração de riquezas e que limite a liberdade do capital. Por outro lado, apoiam e acolhem toda intervenção por parte do Estado que favoreça a concentração de riqueza e o poder nas mãos do capital, mantendo sob seu controle o mundo do trabalho.

Na tentativa de superar os excessos de uma cosmovisão neoliberal, alguns cientistas econômicos têm procurado oferecer uma orientação mais humanizada da economia, com ênfase no conceito de **pessoa** como *sujeito* e não como *objeto*, voltando o olhar sobre o ser humano concreto e suas necessidades. Dessa forma, o conceito de **economia** busca resgatar seu sentido etimológico, superando uma visão estreita de lucro e acúmulo de capital, buscando maior equidade econômica.

5.2 Finalidade da atividade econômica

A DSI sublinha que a atividade econômica e o comportamento moral se compenetram intimamente. Imbuída desse componente de caráter moral, a Igreja afirma que a riqueza não pode estar acima das pessoas. Santo Agostinho desenvolveu a ética por uma ideia teológica nas categorias de *ordem* e *fim*. À ordem é atribuído um significado ontológico e ético que se articula à ideia de *fim*. Portanto, a ordem é o elemento que conduz o ser humano ao fim último – à plena realização. Sendo assim, "uma teoria que faça do lucro a regra exclusiva e o fim último da atividade econômica é moralmente inaceitável" (CIC, n. 2424).

A moral social não se opõe à autonomia das ciências econômicas e políticas, mas apresenta um estímulo para que a ética individualista seja superada. Ante os problemas de ordem econômica e social, diversas respostas são possíveis, mas todas precisam superar a perspectiva da ética individual. Pôr a atividade econômica a serviço das pessoas implica que os bens criados cheguem a todos de modo justo e solidário.

A Igreja declara que o ser humano "é o autor, o centro e o fim de toda a vida econômico-social" (GS, n. 63). Por essa razão, é digno da fé promover os critérios da moral econômica com base no princípio da dignidade humana e do bem comum. O desprezo à dimensão social da fé sempre foi uma reclamação contundente aos juízos rigorosos dos profetas do Antigo Testamento e dos Padres da Igreja. Vejamos o modo como o profeta Amós se dirige aos chefes e grandes senhores de Israel:

> Ouvi isto, vós que esmagais o indigente e quereis eliminar os pobres da terra, vós que dizeis: "quando passará a lua nova, para que possamos vender o grão, e o sábado, para que possamos vender o

> trigo, para diminuirmos o efá, aumentarmos o siclo[2] e falsificarmos as balanças enganadoras, para comprarmos o fraco com prata e o indigente por um par de sandálias e para vendermos o resto do trigo?" Iaweh jurou pelo orgulho de Jacó: não esquecerei jamais nenhuma de suas ações. Não tremerá por causa disso a terra? Não estará de luto todo aquele que a habita? Toda ela se levanta como o Nilo, é revolvida e depois desce como o Nilo do Egito! (Am 8,4-8)

Os Padres da Igreja, imbuídos de zelo pastoral profético, também diziam que os bens que temos demais ou de sobra não são mais nossos, mas dos pobres, e que por isso devemos devolvê-los o quanto antes. Diante disso, torna-se importante desenvolver a consciência crítica para a ordem social econômica, tendo-se em vista o bem de toda a sociedade e de cada pessoa que faz parte dela, inclusive daqueles que se encontram em situações mais vulneráveis, os pobres e excluídos.

Mahatma Gandhi diz: "o mundo tem recursos suficientes para atender às necessidades de todos, mas não a ambição de todos" (Docat, n. 98). A dita *economia de mercado* só pode ser eticamente aceitável se for uma economia social, com regras claras garantidas pelo Estado e que considerem principalmente os trabalhadores e os que estão destituídos dessa condição pelo desemprego, miséria e exclusão.

A ciência e a gestão da atividade econômica gozam de autonomia e leis próprias, mas só encontram seu verdadeiro sentido quando estão a serviço da promoção humana. Por esse motivo, a DSI destaca que, "sem formas internas de solidariedade e confiança recíproca, o mercado não pode cumprir plenamente sua função econômica" (CV, n. 35).

Existiu por muito tempo uma separação entre ética e economia, como se fosse impossível conciliar a eficiência econômica com os valores morais da equidade e da justiça. Mas é necessário determinar o fim específico e o bem interno que dão sentido e legitimidade moral e social

2 O siclo refere-se à uma medida de peso equivalente a aproximadamente 15 gramas.

à atividade econômica. E isso implica em identificar a contribuição dessa atividade para a sociedade.

Por exemplo, do ponto de vista prático e objetivo, uma ética dos negócios tem sido difundida, de modo que passam a ser vistos como importantes não somente os valores tangíveis de uma empresa, mas também os intangíveis, como a confiança e a credibilidade, inserindo-se aí o conceito de **responsabilidade social das empresas**.

Assim, a economia não pode ser moralmente neutra, exatamente por se constituir de ações e decisões humanas, que pressupõem o sujeito moral. A sensibilidade social permite que estejamos permeáveis às necessidades dos outros, inclusive no âmbito da economia, considerando as circunstâncias históricas de tempo e espaço. Essa sensibilidade sugere a superação de um intimismo que reduz o olhar sobre si mesmo e redimensiona essa visão de modo que ela transcenda para a alteridade.

5.3 Bens econômicos

No Concílio Vaticano II, na constituição *Gaudium et Spes* (GS, n. 63), a Igreja reconhece o poder decisivo das questões econômicas sobre o ser humano, advertindo sobre o risco de nos guiarmos unicamente pela economia, de tal maneira que toda a vida pessoal e social esteja marcada pelo afã desmedido do bem-estar econômico. Num contexto cultural agrário, "Deus destinou a terra, com tudo o que ela contém, para uso de todos os homens e povos: de maneira que os bens criados devem chegar equitativamente a todos, dirigidos pela justiça e acompanhados de caridade" (GS, n. 69).

Embora tenham ocorrido profundas transformações científicas e tecnológicas no mundo, esse programa bíblico original permanece como dimensão de responsabilidade da condição humana. Para Fernández

(1993, p. 493-494), tal incumbência demanda alguns pressupostos fundamentais, como o respeito ao mundo, ao cosmos (entre os quais estão as questões ecológicas); e o desenvolvimento humano, que salvaguarda o verdadeiro sentido dos bens criados.

A questão dos bens econômicos sempre esteve presente na DSI pelo fato de ela os associar à dignidade humana e ao bem comum como bem moral e direito social. É importante reconhecer a dependência mútua de moral e economia, uma vez que a moral oferece um decisivo auxílio para que a economia exerça sua finalidade real em benefício do ser humano. No entanto, é a economia que oferece os meios materiais concretos para se alcançar o bem-estar do ser humano.

Nessa relação entre moral e bens econômicos, a questão dos mais pobres, dos mais fragilizados economicamente, deve estar presente na ideia de *desenvolvimento*, como caráter de dignidade e bem comum. Isso porque o amor da Igreja pelos pobres não é uma novidade latino-americana – embora tenha se desenvolvido nesse contexto com mais ênfase –, mas pertence à sua perene tradição (CA, n. 57).

Na exortação apostólica *Evangelii Gaudium*, o Papa Francisco denuncia uma economia de exclusão em que os *bens econômicos* não são sinônimo de *bem comum*, mas de *desigualdade* e *exclusão* daqueles que não têm acesso a eles:

> Assim como o mandamento "não matar" põe um limite claro para assegurar o valor da vida humana, assim também hoje devemos dizer "não a uma economia da exclusão e da desigualdade social". Esta economia mata. [...] Hoje, tudo entra no jogo da competitividade e da lei do mais forte, onde o poderoso engole o mais fraco. Em consequência desta situação, grandes massas da população veem-se excluídas e marginalizadas: sem trabalho, sem perspectivas, num beco sem saída. O ser humano é considerado, em

si mesmo, como um bem de consumo que se pode usar e depois lançar fora. Assim teve início a cultura do "descartável", que, aliás, chega a ser promovida. Já não se trata simplesmente do fenômeno de exploração e opressão, mas duma realidade nova: com a exclusão, fere-se, na própria raiz, a pertença à sociedade onde se vive, pois quem vive nas favelas, na periferia ou sem poder já não está nela, mas fora. Os excluídos não são "explorados", mas resíduos, "sobras". (EG, n. 53)

Muitos países e povos carecem de recursos elementares para viver dignamente, como alimentação, habitação, educação, saúde, infraestrutura, emprego etc., além de sofrer com outras formas de pobreza que se estendem à negação ou à limitação de direitos humanos, como a liberdade religiosa, política, de associação ou de iniciativa econômica.

João XXIII acena que "talvez o maior problema, dos nossos dias, é o que diz respeito às relações que devem se dar entre as nações economicamente desenvolvidas e as que estão em vias de desenvolvimento econômico: as primeiras gozam vida cômoda; as segundas, pelo contrário, padecem de uma duríssima escassez" (MM, n. 222). Paulo VI, em *Populorum Progressio* (1967), aborda o desenvolvimento dos povos em relação ao desenvolvimento econômico. João Paulo II, em *Sollicitudo Rei Socialis* (1987), chama atenção sobre a solidariedade universal.

Diante da falta de acesso a recursos básicos de sobrevivência e direitos, corremos o risco de cair na tentação de soluções cômodas, que não nos comprometem de fato com os problemas dos países e povos em condição de pobreza. A ajuda internacional não deve se resumir a impor a diminuição da natalidade dos pobres por meios coercivos ou moralmente inaceitáveis, e sim melhorar as condições de vida da população para criar novas oportunidades de trabalho e melhorar sua educação.

5.4 Moral, valor e dinheiro

Quando se fala de *moral econômica*, normalmente pensamos em questões relacionadas ao valor monetário. O problema moral-econômico está ligado à questão do valor real das coisas e do preço atribuído a elas, que pode ser justo ou injusto. De que modo o **valor** pode ser mensurado monetariamente? Essa mensuração se baseia em que critérios: morais ou de mercado apenas?

Se analisarmos bem, o dinheiro, por si mesmo, é neutro; ele pode ser materializado em moedas de metal, cédulas de papel, cheques ou cartões de débito e crédito. Objetivamente, ele remete a outra coisa, servindo como uma medida de intercâmbio de valores ou meio de aquisição de bens concretos ou não. Do ponto de vista moral, o dinheiro em si mesmo também é neutro, pois depende da significação e da finalidade com que será utilizado.

Antigamente, no período anterior à chegada da moeda, o sistema de intercâmbio se dava por trocas de mercadorias, chamado *escambo*, que se baseava na simples troca de mercadorias sem equivalência de valor. Para ilustrar, alguém que tivesse excesso de algum produto podia trocá-lo por outro produto do qual estivesse precisando. Se tivesse plantado e colhido mais batatas que o necessário para si e sua família, procurava trocar esse excesso com quem havia plantado e colhido mais milho. Esse comportamento da economia primitiva é, muitas vezes, praticado por crianças que trocam entre si brinquedos, baseando-se no valor pessoal que atribuem a eles, e não no valor monetário deles.

Do ponto de vista ético, considerar o dinheiro como "bom" ou "mau" implica na forma de sua aquisição, finalidade e intencionalidade de uso ser justa ou injusta. Conforme Fernández (1993, p. 495), em relação ao seu sentido moral, cabe entender que o valor do dinheiro é atribuído pela significação do que ele representa, e aí está sua ambiguidade.

O dinheiro pode ser considerado *bom* em razão da finalidade a que se deseja empregá-lo e *justo* pela maneira com que foi adquirido: salário justo, propriedade legítima ou intercâmbio de compra e venda equitativo. Ao contrário, pode ser considerado *injusto* tanto pela forma de sua aquisição quanto pela sua finalidade moralmente má, conforme o Evangelho de Lucas nos apresenta:

> E eu vos digo: fazei amigos com o dinheiro da iniquidade, a fim de que no dia em que faltar, eles vos recebam nas tendas eternas. Quem é fiel nas coisas mínimas, é fiel também no muito, e quem é íníquo no mínimo, é iníquo também no muito. Portanto, se não fostes fiéis quanto ao dinheiro iníquo, quem vos confiará o verdadeiro bem? Se não fostes fiéis em relação ao bem alheio, quem vos dará o vosso? [...] Não podeis servir a Deus e ao Dinheiro. (Lc 16,9-13)

A DSI estabelece uma distinção entre valores materiais e valores espirituais, como também considera que nem todo valor tem preço monetário. Por exemplo, "o uso dos recursos minerais, vegetais e animais do universo não pode ser desvinculado do respeito às exigências morais" (CIC, n. 2415). Ou seja, é preciso reconhecer que existe vida real e concreta presente nas relações e nos processos econômicos desencadeados.

De fato, "o luxo e a miséria existem simultaneamente. Enquanto poucos gozam do máximo poder de deliberação, muitos carecem de quase toda a possibilidade de iniciativa pessoal e de responsabilidade de ação, encontrando-se muitas vezes mesmo a pessoa humana em condições indignas de vida e de trabalho" (GS, n. 414). Ignorar isso é privilegiar apenas o interesse econômico de mercado em detrimento da dignidade das pessoas e do bem comum.

As condições indignas de vida problematizam a questão moral da economia quando esta reproduz a abundância e a escassez de recursos, favorecendo uma pequena parte da sociedade e limitando o acesso aos bens materiais de grande parte dessa mesma sociedade.

5.5 Moral econômica e trabalho

A DSI ensina que o trabalho tem, para o ser humano e para a humanidade como um todo, um significado particular que determina sua dimensão ativa e criativa como característica intrínseca à sua natureza. O trabalho é a colaboração do homem e da mulher com Deus no aperfeiçoamento da criação visível. Ele não surge como consequência do pecado original, mas está nos planos de Deus desde o princípio da criação.

O trabalho é um fator antropológico e se insere na relação entre ser humano e natureza. Ele consiste em toda atividade mediante a qual o ser humano, no exercício de suas capacidades físicas, espirituais e mentais, direta ou indiretamente, transforma a natureza a fim de colocá-la a seu serviço. Desse modo, é chave fundamental e decisiva para a questão social, do ponto de vista da dignidade pessoal e do bem comum (Colom, 2006, p. 155).

As transformações políticas, sociais e econômicas pelas quais passamos desde a Revolução Industrial, e de forma mais impactante nas últimas décadas, geraram uma situação dramática em relação ao trabalho, como as altas taxas de desemprego e, consequentemente, a exclusão social sobre os setores populares, principalmente os mais pobres.

O trabalho é alienante quando impede a realização humana de quem trabalha. A moral social atenta para a necessidade de considerar no mundo do trabalho os direitos e deveres atrelados a ele, como a remuneração pelo serviço realizado e as devidas prestações sociais. Em outras palavras, o salário justo e as condições de trabalho devem ocorrer sem prejuízo da saúde nem afetar a integridade moral, a higiene e a segurança das pessoas. O limite dos horários de trabalho e o descanso devem ser assegurados também pelos poderes públicos e empregadores.

> A empresa não pode considerar-se unicamente como uma "sociedade de capitais"; é, ao mesmo tempo, uma "sociedade de pessoas" em que entram para formar parte de maneira diversa e com responsabilidades específicas os que trazem o capital necessário para a atividade e os que colaboram com o trabalho. (CA, n. 43)

Não se pode considerar a empresa como simples instrumento de obtenção de lucros ou uma mera concorrência de interesses. Trata-se efetivamente de uma comunidade de pessoas que, pelo trabalho, produzem bens e serviços e ganham com isso o sustento de si mesmas e de suas famílias, contribuindo para o "contínuo progresso da ciência e da técnica e, sobretudo, para a incessante elevação cultural e moral da sociedade na qual vive em comunidade com seus irmãos" (LE, n. 5).

O materialismo capitalista ofusca o horizonte de transcendência, privilegiando a eficiência técnico-econômica do trabalho. Os lucros são condição necessária para o bom andamento de uma empresa mercantil, mas obtê-los não é garantia de que a empresa atue com legitimidade moral. Para isso, ela deve contribuir para o bem comum. João Paulo II afirma, em *Laborem Exercens,* que a dignidade do trabalho deve ser efetivamente reconhecida pela justa remuneração.

> Trata-se apenas de pôr em evidência o aspecto deontológico e moral. E o problema-chave da ética social, neste caso, é o problema da justa remuneração do trabalho que é executado. No contexto atual, não há maneira mais importante para realizar a justiça nas relações entre trabalhadores e dadores de trabalho, do que exatamente aquela que se concretiza na remuneração do mesmo trabalho. (LE, n. 19)

O justo funcionamento de um sistema socioeconômico deve ser avaliado segundo a maneira como se dá a relação entre capital e trabalho, pessoa e poder econômico, tendo como perspectiva ética e social o princípio do uso comum dos bens. Desse modo, nenhum motivo pode justificar a subordinação da dignidade humana concreta aos condicionamentos dos interesses econômicos.

Ainda que o desenvolvimento em âmbito econômico, técnico e científico avance, não podemos esquecer que Deus confia ao ser humano o cuidado responsável com o planeta Terra, a "casa comum" em que habitamos. O Papa Francisco, em sua carta encíclica *Laudato Si*, alerta que "a humanidade é chamada a tomar consciência da necessidade de mudanças de estilos de vida, de produção e de consumo" (LS, n. 23). Ou seja, não basta produzir e consumir de maneira desordenada, com vistas apenas aos resultados econômicos. O uso dos bens naturais, econômicos e sociais precisa considerar a sustentabilidade do planeta, de modo que se garanta a continuidade daquilo que Deus criou a confiou a nós.

Síntese

Como apresentamos neste capítulo, a DSI considera a economia sob um ponto de vista ético-moral, e essa perspectiva torna-se determinante para as tomadas de decisão de ordem política e econômica na sociedade contemporânea. Cabe à moral social pensar a vida econômico-social garantindo a promoção da dignidade de cada pessoa e de toda a sociedade. O progresso econômico, quando desvirtuado de sua finalidade ética, em vez de mitigar as desigualdades sociais, tem agravado essas desigualdades, atingindo drasticamente os mais fracos e pobres. É necessária a perspectiva dos princípios e valores éticos, que ilumine a relação entre moral social e economia.

Por essa razão, ainda que não caiba à Igreja fazer ciência econômica, compete a ela se preocupar com a ordem econômica, na medida em que esta afeta substancialmente o desenvolvimento humano e o bem comum.

Mostramos também que a finalidade da atividade econômica deve estar a serviço das pessoas, de modo que os bens criados cheguem a todos de maneira justa e solidária. Ou seja, essa atividade só encontra o seu verdadeiro sentido quando está a serviço do bem comum.

Atividades de autoavaliação

1. Assinale (V) para verdadeiro e (F) para falso:
   ( ) Para a Igreja, embora a atividade econômica seja conduzida por métodos próprios, deve ser exercida eticamente, dentro dos limites da ordem moral e segundo as normas da justiça social.
   ( ) A dimensão socioeconômica deve ser respeitada com base na promoção da dignidade humana, que considere o ser humano o protagonista, o centro e o fim de toda a vida econômica e social.
   ( ) O mercado é aceito pela Igreja praticamente como um dogma, um modelo econômico que serve de caminho de "salvação" para todos os povos.
   ( ) A Doutrina Social da Igreja ensina ser bom tudo aquilo que estimula e facilita a maximização de lucros e a acumulação de riqueza material e mau tudo aquilo que impede de alcançar esses objetivos.

   Assinale a alternativa que apresenta a sequência correta:
   a) V, V, V, V.
   b) V, V, F, F.
   c) V, F, F, F.
   d) F, F, F, F.

2. Na perspectiva da moral social, a finalidade da atividade econômica é colocá-la a serviço:
   a) das pessoas, a fim de que os bens criados cheguem a todos de modo justo e solidário.
   b) da lucratividade das empresas, gerando sempre mais capital.
   c) da Igreja, a fim de que ela cresça e enriqueça sempre mais como sinal do poder de Deus na terra.
   d) dos interesses pessoais de cada um que detém poder e capital.

3. Na seção 5.2 deste capítulo, há um texto bíblico do Antigo Testamento que confere uma palavra profética contra os chefes de Israel que lucravam, explorando o povo, burlando medidas e vendendo corruptamente. Qual é o profeta citado que se posiciona frente a essas injustiças sociais?
   a) Amós.
   b) Isaías.
   c) Paulo.
   d) Moisés.

4. Na seção 5.4 deste capítulo, você conheceu a relação entre moral, valor e dinheiro. Objetivamente, o dinheiro serve como medida de intercâmbio de valores ou meio de aquisição de coisas concretas. Do ponto de vista moral, o critério de uso do dinheiro depende:
   a) apenas da finalidade com que será utilizado, pois, afinal, como afirmou Maquiavel, "os fins justificam os meios".
   b) apenas da intenção com que será utilizado, não importando sua fonte ou os meios de sua aquisição.
   c) de sua significação, intenção e finalidade com que será utilizado.
   d) de quem o for utilizar.

5. Leia o parágrafo a seguir:

   O trabalho tem um significado particular para o indivíduo e para a humanidade como um todo e determina a dimensão ativa e criativa como característica intrínseca à natureza do ser humano. O trabalho é a colaboração do homem e da mulher com Deus no aperfeiçoamento da criação visível. Ele pode ser um serviço valioso ao próximo.

   Qual é a ótica apresentada nesse texto?
   a) Ótica capitalista.
   b) Ótica neoliberal.
   c) Ótica cristã.
   d) Ótica individualista.

Atividades de aprendizagem

Questões para reflexão

1. Leia atentamente o parágrafo 63, no capítulo III, da constituição pastoral *Gaudium et Spes*, do Concílio Vaticano II, que trata dos aspectos da vida econômica.

> Na vida econômica e social se devem respeitar e promover a dignidade e a vocação integral da pessoa humana e o bem de toda a sociedade. Com efeito, o homem é o protagonista, o centro e o fim de toda a vida econômico-social. A economia atual, de modo semelhante ao que sucede noutros campos da vida social, é caracterizada por um crescente domínio do homem sobre a natureza, pela multiplicação e intensificação das relações e mútua dependência entre os cidadãos, grupos e nações e, finalmente, por mais frequentes intervenções do poder político. [...] No preciso momento em que o progresso da vida econômica permite mitigar as desigualdades sociais, se for dirigido e organizado de modo racional e humano, vemo-lo muitas vezes levar ao agravamento das mesmas desigualdades e até em algumas partes a uma regressão dos socialmente débeis e ao desprezo dos pobres. [...] Coexistem o luxo e a miséria. Enquanto um pequeno número dispõe dum grande poder de decisão, muitos estão quase inteiramente privados da possibilidade de agir por própria iniciativa e responsabilidade, e vivem e trabalham em condições indignas da pessoa humana. (GS, n. 63)

Com base no que você estudou sobre moral econômica e no texto que acabou de ler, escreva com as próprias palavras seu entendimento sobre a promoção do bem comum no aspecto econômico.

2. O texto a seguir é um trecho do discurso inaugural do Papa Bento XVI na V Conferência Geral do Episcopado Latino-Americano e do Caribe, que resultou no *Documento de Aparecida*.

> A reflexão madura na fé é luz para o caminho da vida e força para ser testemunhas de Cristo. (...) Neste esforço por conhecer a mensagem de Cristo e torna-la guia da própria vida, é preciso recordar que a evangelização esteve sempre unida à promoção humana e à autêntica libertação cristã. "Amor a Deus e amor ao próximo se fundem entre si: no mais humilde encontramos o próprio Jesus e em Jesus encontramos Deus" (*Deus caritas est*, 15). Por isso, será também necessária uma catequese social e uma adequada formação na doutrina social da Igreja, sendo muito útil para isso o "Compêndio da Doutrina Social da Igreja". A vida cristã não se expressa somente nas virtudes pessoais, mas também nas virtudes sociais e políticas. (Celam, 2007, p. 274)

Com base no texto lido e no que você aprendeu sobre moral econômica, escreva suas percepções sobre o testemunho cristão nas questões econômicas.

Atividade aplicada: prática

1. Considerando tudo o que você estudou até aqui, faça um diário de bordo no qual analise uma questão econômica do ponto de vista ético-moral. Por exemplo: avalie como você mesmo conduz eticamente seus compromissos econômico-financeiros (transparência, prazos, pagamentos, funcionários, dízimo, dívidas, aluguéis, financiamentos etc.).

6
Moral política[1]

1 Todas as passagens bíblicas indicadas neste capítulo são citações de Bíblia (1995).

Apresentaremos, neste capítulo, a moral política com base na Doutrina Social da Igreja (DSI). Para isso, vamos considerar o atual cenário político-econômico, o que nos permite levantar sérios questionamentos do ponto de vista ético e moral. Isso porque predomina no ambiente político social um clima de corrupção e desonestidade, marcado pela grave crise de representatividade da classe política, seja pelos sucessivos descumprimentos da lei e pelos escândalos de corrupção, seja pela crise das ideologias e pela subordinação da política à economia. O Papa Francisco aponta que "muitas vezes, a própria política é responsável pelo seu descrédito, graças à corrupção e à falta de boas políticas públicas" (LS, n. 197).

No Antigo Testamento, encontramos trechos em que os profetas denunciam veementemente a falta de justiça de reis e governantes contra o povo, principalmente contra os mais pobres e fracos (Jr 6,14-15; 21,11-14; Am 2,6-7; 6,1-6; 8,4-6; etc.). No Novo Testamento, Jesus anuncia a boa nova do reino de paz, justiça e solidariedade e se opõe às injustas posturas dos chefes do povo, acompanhadas pela hipocrisia e opressão e outras atitudes contrárias aos valores do Evangelho (Mt 5,1-12; 7,15-20; 20,24-28; Mc 10,41-45; 12,13-17; Lc 6,20-26; 16,9-13; etc.).

Quando pensamos em moral política, não devemos considerar apenas leis, decisões técnicas de papéis e de governo. Ao descrevermos a comunidade política, sua identidade e finalidade, precisamos considerar o ser humano no centro e a vida em seu sentido mais amplo. É da natureza humana a dimensão social e política, necessária para sua interação com os demais a fim de alcançar a plenitude completa da convivência social. Desse modo, a comunidade política existe para facilitar o crescimento pleno de cada um dos membros da sociedade, cooperando com o bem comum.

Tanto a política quanto a economia não devem ser aceitas como meras instâncias em que pequenos grupos detêm o poder social. Ao contrário, elas devem se colocar a serviço da vida, em vista da dignidade humana e do bem comum. As decisões políticas têm vasta influência sobre a vida e o desenvolvimento humano e ecológico do mundo em que vivemos.

A moral política deve se basear em uma ética que apresente projetos e promova ações visando ao bem da sociedade, inclusive dos mais vulneráveis e desfavorecidos. Sendo essencialmente teologia (SRS, n. 41), a DSI consiste num discurso que concerne ao desígnio de Deus sobre o ser humano e se interessa, consequentemente, "pela economia e pela política, não para avaliar seus aspectos técnicos e organizativos, mas para clarificar suas inevitáveis implicações éticas".

Nesse sentido, a moral social não propõe desenhar um sistema político específico, mas indica os limites inegociáveis, com base nos princípios e valores, que garantam a dignidade humana e o bem comum. Sugere, dessa forma, os itinerários possíveis para que os projetos políticos e econômicos, estabelecidos no desenrolar histórico dos povos, sejam dignos do ser humano e estejam em consonância com a moral social.

Com base nisso, apresentaremos a seguir o conceito de política, assim como sua finalidade do ponto de vista da moral social. Abordaremos também a relação entre Estado e vida pública, o conceito de autoridade política e as analogias entre política e direitos humanos e entre política e ecologia. Ao relacionar essas temáticas ao eixo central da moral política, apresentaremos sua conexão com os conteúdos da fé cristã e com a DSI.

6.1 Conceito de política e sua finalidade

A palavra *política* deriva do grego antigo *politeía* e diz respeito aos procedimentos relativos à pólis, ou seja, sociedade, comunidade, coletividade e outras definições referentes à vida urbana. O Docat (195) ensina que uma comunidade política, chamada pelos romanos de *res publica*, consiste basicamente no fato de ela conduzir os negócios públicos da sociedade sem se reduzir aos interesses privados. É nessa perspectiva que "Aristóteles define o ser humano como um ser político, ou seja, para ele alguém é verdadeiramente humano quando colabora na construção da vida pública e, consequentemente, vive como cidadão" (Docat, n. 195).

Para Colom (2006, p. 209), a política é a ciência e a arte que ensina como se deve organizar a vida pública com a finalidade de alcançar os objetivos que são próprios da sociedade civil. Atualmente, a palavra *política* tem tomado um significado mais amplo e é utilizada para indicar o conjunto de atitudes que regulam determinadas atividades com uma função, de certo modo, pública.

A sociedade civil constitui um grupo político por reconhecer "a necessidade duma comunidade mais ampla, na qual todos conjuguem suas próprias forças a fim de promoverem de modo mais eficaz o bem comum" (GS, n. 74). E essa é a razão final de a comunidade política existir, compreendendo, desse modo, "o conjunto das condições de vida social que permitem aos indivíduos, famílias e associações alcançar mais plena e facilmente a própria perfeição" (GS, n. 74).

A DSI, fundamentada nos ensinamentos do Evangelho, ensina que a política só cumpre sua verdadeira função quando colocada a serviço da vida, principalmente quando esta se encontra fragilizada. A comunidade política, realidade conatural às pessoas, existe para obter um fim comum, inatingível de outra forma (CDSI, n. 384). Ou seja, tanto na perspectiva da fé cristã quanto da civil, a política autêntica é aquela que, em sua atividade pública, garante e promove o bem comum.

> Todos os cristãos tenham consciência da sua vocação especial e própria na comunidade política; por ela são obrigados a dar exemplo de sentida responsabilidade e dedicação pelo bem comum, de maneira a mostrarem também com fatos como se harmonizam a autoridade e a liberdade, a iniciativa pessoal e a solidariedade do inteiro corpo social, a oportuna unidade com a proveitosa diversidade. Reconheçam as legítimas opiniões, divergentes entre si, acerca da organização da ordem temporal, e respeitem os cidadãos e grupos que as defendem honestamente. Os partidos políticos devem promover o que julgam ser exigido pelo bem comum, sem que jamais seja lícito antepor o próprio interesse ao bem comum. (GS, n. 75)

Assim, para estabelecer uma vida política autenticamente humana, o ensinamento social da Igreja enfatiza a importância de promover o sentido de justiça e de benevolência a serviço do bem comum, reforçando as convicções fundamentais acerca da verdadeira índole da comunidade política, assim como também de seu fim, no reto exercício e nos limites da autoridade pública (GS, n. 73).

6.2 Estado e vida pública

A comunidade política fundamenta-se na sociabilidade humana, ou seja, sua razão de ser encontra-se no caráter antropológico social. Como apresentamos no primeiro capítulo, o Estado, como forma organizativa, tem como um de seus fins procurar o bem comum da sociedade. De acordo com o dicionário Houaiss (2001, p. 362), o conceito de *público* remete a "povo; conjunto de espectadores; conjunto de pessoas com interesses ou características comuns; adj.: de uma coletividade; que pertence a todos, conhecido por todos".

Se o público diz respeito ao que é comum, ele é o oposto do que é privado. A noção de *espaço público* remete ao modelo histórico da esfera pública representativa.

Atualmente, o conceito de **público** é visto para além da gestão governamental, mas diz respeito a todos os setores da sociedade, que incluem o Estado e o governo, a iniciativa privada e as diversas organizações da sociedade civil.

Apesar da primazia da pessoa, não se pode prescindir do Estado, uma vez que este é indispensável para criar e garantir ordem na sociedade (Docat, n. 198). O Estado tem um sentido subsidiário, ou seja, sua finalidade consiste em ajudar, garantir e dar suporte à sociedade de pessoas como espaço seguro do bem-estar público.

Assim, quando falamos de *políticas públicas*, referimo-nos a medidas que afetam todos os cidadãos, independentemente de como se definem econômica, social, sexual, religiosa, étnica e educacionalmente, e que correspondem a direitos assegurados na Constituição.

> Os modos concretos como a comunidade política organiza a própria estrutura e o equilíbrio dos poderes públicos podem variar segundo a diferente índole e o progresso histórico dos povos; mas devem sempre ordenar-se à formação de homens cultos, pacíficos e benévolos para com todos, em proveito de toda a família humana. (GS, n. 74)

Propiciar o bem-estar da sociedade como um todo implica em promover e garantir a qualidade de vida da população em áreas como saúde, educação, meio ambiente, habitação, assistência social, lazer, transporte e segurança. Para Cícero, político romano que viveu no primeiro século antes de Cristo, o serviço do Estado deve ser exercido em benefício daqueles que o confiaram à administração de alguém e não daqueles aos quais essa administração foi confiada (Cícero, [s.d.], p. 46).

No contexto atual, não somente a religião, mas também Deus foi sendo compreendido e vivido como realidade pertencente apenas à vida privada, em contraposição àquilo que pertence à natureza, à vida social e pública, que passou para o cuidado do Estado e das ciências sociais e naturais.

De acordo com Fassini (2014), nesse paradigma não compete mais à religião ou à teologia discutir ou opinar sobre questões políticas, econômicas, sociais ou morais, como fizeram teólogos de renome na Idade Média, a exemplo de São Tomás de Aquino, que escreveu o tratado *Do governo dos príncipes ao rei de Cipro* e também sobre a legitimidade dos juros.

Não é da competência da Igreja determinar o regime político de um país nem suas leis civis, mas ela tem o direito e, muitas vezes, o dever de posicionar-se em relação a determinadas formas de organização política que afetam o respeito pela dignidade humana e pelo bem da sociedade e do planeta. No contexto político, a vocação fundamental da Igreja consiste na formação ético-moral das consciências, educando e intercedendo em favor da justiça e da verdade.

> O respeito de uma sadia laicidade junto com a pluralidade das posições políticas é essencial na tradição cristã. Se a Igreja começar a se transformar diretamente em sujeito político, não faria mais pelos pobres e pela justiça, ao contrário, faria menos porque perderia a sua independência e a sua autoridade moral, identificando-se com uma única via política e com posições parciais opináveis. A Igreja é advogada da justiça e dos pobres, exatamente por não se identificar com os políticos nem com os interesses de partido. Somente sendo independente pode ensinar os grandes critérios e os valores inderrogáveis, orientar as consciências e oferecer uma opção de vida que vai mais além do âmbito político. (Celam, 2007, p. 278)

As relações entre Igreja e Estado devem preservar o caráter distinto de cada uma dessas instituições, e a colaboração entre essas duas instâncias deve sempre ter em vista o bem comum. As ações políticas que os fiéis católicos exercem, em nome próprio e como cidadãos guiados pela sua consciência cristã e de cidadania, contribuem para a transformação da sociedade. A responsabilidade na vida pública dos leigos católicos deve estar em concordância com sua formação cristã, imbuída dos princípios e valores fundamentais da fé e do seu ensinamento social.

6.3 Autoridade política

Quando falamos em *política*, não há como negar o papel da autoridade. Ainda que a moral política perpasse a sociedade como um todo, existem pessoas que detêm a prerrogativa de decisões institucionalmente preponderantes. Se o ser humano é o valor basilar da comunidade política, então ele é também a única legitimação para o poder político (Docat, n. 203).

A dedicação à vida política deve ser reconhecida como uma das mais altas possibilidades morais e profissionais do ser humano (Colom, 2006, p. 211). Segundo a etimologia, a palavra *autoridade* provém dos termos latinos *auctoritas, auctus,* derivados do verbo *augere,* que significa "aumentar", "desenvolver", "fazer crescer".

O Evangelho afirma que Jesus ensinava e agia como quem tem autoridade (Mt 7,29; Mc 1,22; Lc 4,36). No grego bíblico, a palavra usada para se referir à autoridade é *exousia,* que significa poder da escolha, liberdade de agir com o critério da caridade.

> O exercício da autoridade política, seja na comunidade como tal, seja nos organismos representativos, se deve sempre desenvolver e atuar dentro dos limites da ordem moral, em vista do bem comum, dinamicamente concebido, de acordo com a ordem jurídica legitimamente estabelecida ou a estabelecer. Nestas condições, os cidadãos têm obrigação moral de obedecer. Daqui a responsabilidade, dignidade e importância dos que governam. (GS, n. 74)

Contudo, há um modo distorcido de entender a política como arte de obter e conservar o poder em favor de si mesmo. Jesus ensina que o significado autêntico da autoridade humana, sempre tentada a exercer o domínio, é o de servir aos outros. Em contrapartida, a DSI ensina que a autoridade deve reconhecer, promover e respeitar os valores humanos e morais essenciais (CDSI, n. 397).

Com base nisso, a Igreja coloca também que,

> quando a autoridade pública, excedendo os limites da própria competência, oprime os cidadãos, estes não se recusem às exigências objetivas do bem comum; mas é-lhes lícito, dentro dos limites traçados pela lei natural e pelo Evangelho, defender os próprios direitos e os dos seus concidadãos, contra o abuso desta autoridade. (GS, n. 74)

A DSI pontua claramente que esse entendimento equivocado do exercício da autoridade é desumano se incorrer em formas totalitárias ou ditatoriais que lesem os direitos da pessoa ou dos grupos sociais (GS, n. 75). Por essa razão torna-se necessário nos empenharmos pela promoção da educação ético-política de toda a sociedade civil, a fim de que saiba desempenhar sua cidadania com responsabilidade e baseada em direitos e deveres.

O ensinamento social enfatiza que não se deve obedecer às leis imorais, ainda que o Estado a isso obrigue. Assim, a democracia não é melhor do que a monarquia ou a aristocracia porque é mais eficiente, mas porque dispõe de um outro *ethos*, ou seja, um sistema de valores pautados por direitos humanos, o qual representa um paradigma mais adequado à realização e à dignidade da pessoa (Docat, n. 206).

A DSI sublinha a dimensão de prestadores de serviço de todos os ministérios públicos: quem serve o bem comum não pensa em primeiro lugar nos próprios interesses, mas no bem-estar de toda a comunidade que lhe foi confiada (Docat, n. 210).

6.4 Política e direitos humanos

O Estado existe basicamente em função das pessoas, como garantia e defesa de seus direitos. Consequentemente, aqueles que exercem funções de autoridade pública estão designados para servir o bem comum, em defesa dos direitos de seus cidadãos, com base no princípio de dignidade humana.

De acordo com Modell (2000), o debate acerca das violações aos direitos humanos compreende as dimensões de reparação, proteção e promoção desses direitos, sejam eles de âmbito econômico, sejam de âmbito social, cultural ou ambiental, e coloca às claras as dificuldades e os limites para o acesso a esses direitos por parte dos povos indígenas, afrodescendentes e trabalhadores e trabalhadoras de várias partes do mundo. A autora compartilha "da opinião de que tanto os direitos civis e políticos como os direitos econômicos, sociais e culturais são igualmente fundamentais" (Modell, 2000).

Os direitos humanos são **fundamentais**, por serem manifestação da natureza humana e base das relações interpessoais; **naturais**, porque se pautam pelo princípio da lei natural; **universais**, por dizerem respeito a toda pessoa, independentemente de cultura, etnia, condição social ou nação; **invioláveis**, pois sua violação atentaria contra a dignidade humana; **inalienáveis**, por não poderem ser transferidos ou negados de pessoa a pessoa; **irrenunciáveis**, pois em nenhuma circunstância, pessoal ou social, deve-se abrir mão desses direitos; **hierarquizados**, pois alguns direitos podem estar acima ou abaixo de outros; e **correlativos**, uma vez que cada direito dever de ser reconhecido pelos outros.

De acordo com Boeing (2009), a defesa da segurança pública e dos direitos do cidadão exige uma atitude crítica perante o modelo capitalista, concentrador de poder e de privilégios e gerador de carências na população. Com isso, a opção preferencial pelos pobres também significa, necessariamente, um olhar crítico sobre o sistema político e econômico que continua a fazer um crescente número de vítimas.

Em nível internacional, a solidariedade é posta em prática por meio dos direitos humanos. Nessa perspectiva também estão definidas as estratégias para a cooperação entre os países com base na dignidade humana e nos valores a ela inerentes. Assim, "os valores fundamentais e os direitos humanos reconhecidos em geral devem constituir a base, tanto para as decisões como para a comunicação da comunidade internacional" (Docat, n. 244).

Segundo o Papa Francisco, corremos o risco da globalização da indiferença. Vejamos um trecho de uma de suas célebres homilias, realizada após o naufrágio de um barco com refugiados em Lampedusa, na Itália, em 2013.

> Mas Deus pergunta a cada um de nós: "Onde está o sangue do teu irmão que clama até Mim?" Hoje ninguém no mundo se sente responsável por isso; perdemos o sentido da responsabilidade fraterna; caímos na atitude hipócrita do sacerdote e do levita de que falava Jesus na parábola do Bom Samaritano: ao vermos o irmão quase morto na beira da estrada, talvez pensemos "coitado" e prosseguimos o nosso caminho, não é dever nosso; e isto basta para nos tranquilizarmos, para sentirmos a consciência em ordem. A cultura do bem-estar, que nos leva a pensar em nós mesmos, torna-nos insensíveis aos gritos dos outros, faz-nos viver como se fôssemos bolas de sabão [...]. Esta cultura do bem-estar leva à indiferença a respeito dos outros; antes, leva à globalização da indiferença. Neste mundo da globalização, caímos na globalização da indiferença. Habituamo-nos ao sofrimento do outro, não nos diz respeito, não nos interessa, não é responsabilidade nossa! (Francisco, 2013)

A melhoria na qualidade de vida nos contextos sociais depende de que a vontade política esteja efetivamente a serviço do bem-estar coletivo. Essa vontade se traduz tanto nas políticas públicas para cidades, estados, regiões e país quanto em políticas internacionais. Do ponto de vista da DSI, a fé autêntica é comunicada quando a vida e a dignidade das pessoas são promovidas, defendidas e garantidas.

6.4.1 Dignidade como fundamento moral dos direitos humanos

Embora no terceiro capítulo deste livro já tenhamos tratado do reconhecimento da dignidade humana como princípio fundamental da DSI, retomaremos esse tema aqui, considerando o aspecto político como base da ética e da moral dos direitos humanos. Cabe recordarmos que o primado da dignidade humana está presente em documentos civis importantes, como no artigo primeiro da Declaração Universal dos Direitos Humanos (1948), no primeiro artigo da Constituição Brasileira (1988) e na Declaração Universal sobre Bioética e Direitos Humanos (2005).

Contudo, devemos considerar que existem diferentes teorias antropológicas que podem embasar o conceito de **dignidade humana**. De acordo com Pessini e Barchifontaine (2012), podemos classificar as teorias antropológicas em dois blocos: teocêntricas e antropocêntricas. A diferença principal entre elas é a fonte da autoridade moral sobre a qual se fundamentam suas decisões éticas. Esse elemento é importante para que possamos identificar o ponto de partida da fé cristã.

As teorias antropocêntricas colocam o ser humano no centro de tudo e como medida de todas as coisas, não reconhecendo uma fonte de autoridade moral acima do próprio ser humano. Já as teorias teocêntricas, ou transcendentais, reconhecem a existência de uma autoridade acima do homem, que é Deus ou alguma força cósmica, a quem as normas morais estão vinculadas.

Para a DSI, os conceitos de **dignidade** e **direitos da pessoa** têm origem e estão implícitos em toda a tradição cristã. O fundamento bíblico-teológico apresenta, já no Decálogo, como se "põem em relevo os deveres essenciais e, por conseguinte, indiretamente, os direitos fundamentais inerentes à natureza da pessoa humana" (CIC, n. 2070).

De acordo com Colom (2006, p. 210), as decisões políticas têm um notável influxo na vida e no desenvolvimento da pessoa; por isso requerem um grande sentido de responsabilidade, já que essa influência, normalmente, é de ampla duração e tem vasto alcance. A aquisição dessa consciência política nos instiga a reconhecer a dignidade de cada ser humano no contexto sócio-político em que se encontra e a favorecer seu crescimento integral no acesso a seus direitos.

6.4.2 Mulheres e direitos humanos

É alarmante o índice de violência contra as mulheres no Brasil e na América Latina, um problema agudo, de longa duração e que permanece em pleno século XXI. Quando falamos em direitos humanos, é preciso recordar conquistas históricas reconhecidas e apoiadas pela Igreja, como o reconhecimento da dignidade da mulher na luta por seus direitos.

O início do século XX marca a luta das mulheres pelo reconhecimento de sua dignidade comum, com base em direitos relacionados ao trabalho assalariado, direitos civis, direito à instrução, assim como a presença das mulheres no cenário político-social. Para Deifelt (2008, p. 985-986), o movimento das mulheres advogou a equiparação de direitos e deveres entre pessoas de ambos os sexos e, ao mesmo tempo, denunciou a disparidade social e econômica existente entre estas, no intuito de construir uma sociedade em que homens e mulheres tenham o mesmo valor.

Ainda que nas últimas décadas tenha se acentuado a luta pelos direitos das mulheres e também suas conquistas, tal discurso por vezes se torna ambíguo ou equivocado, quando não fundamenta seus direitos na questão antropológica da dignidade. A igualdade fundamental entre homens e mulheres é defendida pela Igreja porque ambos são dotados da mesma dignidade como pessoas, uma vez que são, ambos, criados à imagem e semelhança de Deus (Gn 1,26).

Para João Paulo II, "se a violação desta igualdade, que é dom e direito e deriva do próprio Deus, comporta um elemento em desfavor da mulher, ao mesmo tempo tal violação diminui também a verdadeira dignidade do homem" (MD, n. 10). Nesse sentido, ele afirma que tocamos "num ponto extremamente sensível na dimensão do *ethos*", pelo fato primordial de sermos ambos criados à imagem e semelhança de Deus (MD, n. 10). Na sua Carta às Mulheres (1995), promulgada nas vésperas da IV Conferência Mundial sobre a Mulher, em Pequim, João Paulo II reconhece:

> Infelizmente, somos herdeiros de uma história com imensos condicionalismos que, em todos os tempos e latitudes, tornaram difícil o caminho da mulher, ignorada na sua dignidade, deturpada nas suas prerrogativas, não raro marginalizada e, até mesmo, reduzida à escravidão. Isto impediu-a de ser profundamente ela mesma, e empobreceu a humanidade inteira de autênticas riquezas espirituais. (João Paulo II, 1995a)

A prática de Jesus indica o encontro da consciência humana com o mistério do princípio criador, em que homem e mulher foram criados e confiados um ao outro. Esse é um apelo ético constante de superação evangélica que deve abrir caminho novo nos corações e nas mentes, no comportamento e nos costumes das gerações, pois em Cristo Jesus somos um só (Gl 3,28).

Assim, a teologia moral pode oferecer uma reflexão capaz de articular o feminino e o masculino, fazendo valer a referência valorativa da reciprocidade, da aliança, da parceria, da cooperação, da vivência democrática e do encontro das diferenças. Nesse viés, homem e mulher acolhem tanto a unidade que precede sua distinção quanto a diferença que os faz ser um com o outro e um pelo outro.

6.5 Política e ecologia

Com o aceleramento da produção e da industrialização, surgiu um novo modelo de economia, com novos padrões de acúmulo de bens que, consequentemente, afetaram as relações humanas e os novos estilos de vida e de consumo. A crise ambiental que se desencadeou mais explicitamente a partir da década de 1960 repercutiu na dinâmica cultural, política e social em âmbito global. Portanto, essa crise não deve ser considerada apenas como catástrofe ecológica, mas também em sua dimensão ético-político-social.

Embora pareça um discurso "verde", quando falamos em *ecologia* estamos falando também de questões sociais e políticas e sua implicância ética. Primeiramente porque, por mais que avancemos em conhecimento tecnológico, necessitamos dos recursos naturais para seu desenvolvimento. A forma como atuamos em relação ao meio ambiente – e como nos relacionamos com ele – passa pela nossa responsabilidade ética, pois o cuidado com os recursos naturais e seu uso sustentável dependem das decisões e ações humanas.

Assim, a DSI questiona como a mesma inteligência humana empenhada no desenvolvimento tecnológico "não consegue encontrar formas eficazes de gestão internacional para resolver as graves dificuldades ambientais e sociais" (LS, n. 164). Os problemas ecológicos atuais têm dimensão moral relacionada com o bom uso dos bens criados, com o valor da vida de todas as espécies e com a dignidade humana e seus direitos, incluindo as futuras gerações.

João Paulo II, em *Evangelium Vitae*, fala de uma *ecologia humana*, tratando a questão ecológica como de humanidade, pois devemos assumir a responsabilidade de nos comprometer com um mundo do qual somos parte.

> Chamado a cultivar e guardar o jardim do mundo (Gn 2,15), o ser humano detém uma responsabilidade específica sobre o **ambiente de vida**, ou seja, sobre a criação que Deus pôs ao serviço da sua dignidade pessoal, da sua vida: e isto não só em relação ao presente, mas também às gerações futuras. É a **questão ecológica** – desde a preservação do "habitat" natural das diversas espécies animais e das várias formas de vida, até à "ecologia humana" propriamente dita – que, no texto bíblico, encontra luminosa e forte indicação ética para uma solução respeitosa do grande bem da vida, de toda a vida. (EV, n. 42)

A encíclica *Laudato Si*, do Papa Francisco (2015), insere-se no Magistério Social da Igreja e oferece uma análise abrangente, feita com a contribuição teórica de muitos cientistas, sobre a ameaça ecológica. Ela descreve que as causas da crise não são decorrentes somente da exploração político-econômica, mas também do pecado social contra a própria humanidade e seu Criador.

Partindo da ideia do planeta como pátria e da humanidade como povo que habita uma casa comum (LS, n. 164), a encíclica apresenta os grandes problemas que estão deteriorando nosso planeta. O primeiro deles é a poluição e as mudanças climáticas; depois, a questão da água; a perda da biodiversidade; a deterioração da qualidade de vida e degradação social; a desigualdade planetária; a fraqueza das reações em defesa do planeta; e a diversidade de opiniões acerca das ações a serem praticadas.

Esses problemas criam em nosso mundo um cenário com angústias sociais e éticas referentes aos empobrecidos, ao desmatamento e à extinção de espécies, à cultura do descarte e à indiferença. As iniciativas tomadas são insuficientes, de pouco impacto, e os problemas são mais mascarados do que enfrentados. Tudo isso decorre de um entendimento imediatista em relação à economia e à atividade comercial produtiva em que o custo dos danos é maior que o benefício econômico.

> Não somos Deus. A terra existe antes de nós e foi-nos dada. [...] foi dito que a narração do Gênesis, que convida a «dominar» a terra (cf. Gn 1,28), favoreceria a exploração selvagem da natureza, apresentando uma imagem do ser humano como dominador e devastador. Mas esta não é uma interpretação correta da Bíblia, como a entende a Igreja [...]. Isto implica uma relação de reciprocidade responsável entre o ser humano e a natureza. Cada comunidade pode tomar da bondade da terra aquilo de que necessita para a sua sobrevivência, mas tem também o dever de proteger e garantir a continuidade da sua fertilidade para as gerações futuras. (LS, n. 67)

Nessa perspectiva, somos desafiados a pensar em um projeto político comum ético de sustentabilidade de todo o planeta. Segundo o documento, "uma mudança nos estilos de vida poderia chegar a exercer uma pressão salutar sobre quantos detêm o poder político, econômico e social" (LS, n. 206). Em outras palavras, uma tomada de consciência sobre a gravidade da crise cultural e ecológica que estamos enfrentando precisa traduzir-se em novos hábitos (LS, n. 209), o que o documento aponta como uma conversão ecológica.

Síntese

Vimos, neste capítulo, que, de acordo com a DSI, a política só encontra seu sentido autêntico quando colocada a serviço da população. Tanto a política quanto a economia não devem ser aceitas como instâncias de pequenos grupos que detêm o poder social. A comunidade política existe para facilitar o crescimento pleno de cada um dos membros da sociedade, cooperando com o bem comum.

Como observamos, o Estado tem uma função subsidiária, atuando de modo a garantir que a sociedade seja um espaço seguro de bem-estar público. Por essa razão, coloca-se a necessidade de nos empenharmos pela promoção de uma educação ético-política para toda a sociedade civil, a fim de que saibamos desempenhar nossa cidadania com responsabilidade e baseada em direitos e deveres.

A Igreja, por sua vez, conscientiza a população sobre a dimensão moral e social do uso dos bens criados, do valor da vida de todas as espécies, da dignidade humana e de seus direitos, levando em consideração, inclusive, as futuras gerações.

Atividades de autoavaliação

1. Assinale a alternativa que exprime corretamente o conceito de política:
   a) Política é a ciência e a arte que ensina como se deve organizar a vida pública com a finalidade de alcançar os objetivos que são próprios da sociedade civil em vista do bem comum.
   b) Política é a ciência e a arte de administrar a vida pública com a finalidade de alcançar os objetivos de cada representante político.
   c) Política é a ciência e a arte que ensina o poder da manipulação a fim de conseguir tudo o que se quer da sociedade.
   d) Política é a arte de governar em favor de si mesmo e de seus próprios interesses.

2. Assinale (V) para verdadeiro e (F) para falso:
   ( ) A Doutrina Social da Igreja ensina que a política só desempenha sua verdadeira função quando colocada a serviço da vida, principalmente quando esta se encontra fragilizada.
   ( ) Tanto na perspectiva da fé cristã quanto na perspectiva civil, a política autêntica é aquela que, em sua atividade pública, garante e promove o bem comum.
   ( ) Para estabelecer uma vida política mais humana, a Igreja aponta que se faz necessário promover o sentido de justiça, de benevolência e do bem comum.
   ( ) O ensinamento da Igreja aponta que o cristão não deve se intrometer nas questões políticas.

   Assinale a alternativa que apresenta a sequência correta:
   a) V, V, V, F.
   b) V, V, F, F.
   c) V, F, V, F.
   d) F, F, F, V.

3. Leia o seguinte parágrafo:

Não é da competência da Igreja determinar o regime político de um país nem suas leis civis, mas ela tem o direito e, muitas vezes, o dever de posicionar-se em relação a determinadas formas de organização política quando estas ferem a dignidade humana e o bem da sociedade e do planeta.

Sobre esse assunto, analise as afirmativas a seguir.

I. As relações entre Igreja e Estado devem preservar o caráter institucional distinto de cada uma dessas instâncias, mas ambas devem colaborar para o bem comum.
II. A Igreja não deve se meter em questões políticas oriundas do Estado.
III. A Igreja não impede que os fiéis católicos atuem politicamente, em nome próprio e como cidadãos guiados pela sua consciência cristã e de cidadania.
IV. Para garantir os interesses da Igreja, os católicos devem votar somente em políticos que se dizem católicos, independentemente de suas propostas de governo serem ou não coerentes com a moral social cristã.

Assinale a alternativa correta:

a) As afirmativas I e II estão corretas.
b) As afirmativas I e III estão corretas.
c) Nenhuma das afirmativas está correta.
d) Todas as afirmativas estão corretas.

4. A palavra *autoridade* se origina dos termos latinos *auctoritas* e *auctus*, que vêm do verbo *augere*. Considerando essa etimologia, podemos dizer que essa palavra significa:

a) disciplinar, ordenar.
b) mandar, determinar, colocar ordem.

c) aumentar, desenvolver, fazer crescer.
d) gritar, ordenar, fazer obedecer.

5. Qual é o fundamento moral dos direitos humanos?
   a) A sociedade.
   b) A dignidade humana.
   c) A racionalidade humana.
   d) A fé.

6. Assinale a alternativa que contém as palavras que completam corretamente as lacunas do texto a seguir:

   Partindo da ideia do planeta como pátria e da humanidade como povo que habita uma casa comum, a encíclica ________________, do Papa ________________, insere-se no Magistério Social da Igreja. Ela oferece uma análise sobre a ameaça ecológica, descrevendo que as causas da crise não são decorrentes somente da exploração político-econômica, mas também do pecado social contra a própria humanidade e seu Criador.

   a) *Rerum Novarum*; Leão XIII.
   b) *Pacem in Terris*; João Paulo II.
   c) *Laudato Si*; Francisco.
   d) *Evangelium Vitae*; João XXIII.

Atividades de aprendizagem

Questões para reflexão

1. Leia atentamente os parágrafos 197 e 198 da carta encíclica *Laudato Si*, do Papa Francisco, sobre o cuidado da casa comum.

   > Precisamos de uma política que pense com visão ampla e leve adiante uma reformulação integral, abrangendo num diálogo interdisciplinar os vários aspectos da crise. Muitas vezes, a própria

> política é responsável pelo seu descrédito, graças à corrupção e à falta de boas políticas públicas. Se o Estado não cumpre seu papel numa região, alguns grupos econômicos podem-se apresentar como benfeitores e apropriar-se do poder real, sentindo-se autorizados a não observar certas normas até se chegar às diferentes formas de criminalidade organizada, tráfico de pessoas, narcotráfico e violência muito difíceis de erradicar. Se a política não é capaz de romper uma lógica perversa e perde-se também em discursos inconsistentes, continuaremos sem enfrentar os grandes problemas da humanidade. Uma estratégia de mudança real exige repensar a totalidade dos processos, pois não basta incluir considerações ecológicas superficiais enquanto não se puser em discussão a lógica subjacente à cultura atual. Uma política sã deveria ser capaz de assumir este desafio.
>
> A política e a economia tendem a culpar-se reciprocamente a respeito da pobreza e da degradação ambiental. Mas o que se espera é que reconheçam os seus próprios erros e encontrem formas de interação orientadas para o bem comum. Enquanto uns se afanam apenas com o ganho econômico e os outros estão obcecados apenas por conservar ou aumentar o poder, o que nos resta são guerras ou acordos espúrios, nos quais o que menos interessa às duas partes é preservar o meio ambiente e cuidar dos mais fracos. Vale aqui também o princípio de que "a unidade é superior ao conflito". (LS, n. 197-198)

Reflita sobre o conteúdo desses parágrafos e descreva a política que você almeja para sua cidade, para seu Estado e para o Brasil, argumentando em defesa de suas opiniões.

2. A respeito da dignidade da mulher, destacam-se dois documentos importantes no pontificado de João Paulo II: a carta apostólica *Mulieris Dignitatem* (1988), primeiro documento pontifício do Magistério da Igreja que aborda especificamente esse tema, e a Carta às Mulheres (1995), elaborado como preparação à IV Conferência

Mundial sobre a Mulher, em Pequim. Neste último documento, João Paulo II reconhece que:

> Infelizmente, somos herdeiros de uma história com imensos condicionalismos que, em todos os tempos e latitudes, tornaram difícil o caminho da mulher, ignorada na sua dignidade, deturpada nas suas prerrogativas, não raro marginalizada e, até mesmo, reduzida à escravidão. Isto impediu-a de ser profundamente ela mesma, e empobreceu a humanidade inteira de autênticas riquezas espirituais. (CM, n. 3)

A Igreja também se posiciona com relação aos direitos da mulher, mas sempre com base no princípio bíblico e antropológico da dignidade humana:

> Ainda que nas últimas décadas tenha-se acentuado a luta pelos direitos da mulher e suas conquistas, tal discurso por vezes se torna ambíguo ou equivocado, quando não fundamenta seus direitos na questão antropológica da dignidade. Urge a necessidade de uma reflexão sobre o princípio da dignidade capaz de articular o feminino e o masculino numa relação de reciprocidade e/ou de aliança, superando uma espécie de 'guerra dos sexos', de um elas contra eles ou vice-versa que enfraquece o "nós" que constitui o humano. (Menegatti, 2016)

Reflita sobre esses dois textos e registre suas ideias sobre o tema.

Atividade aplicada: prática

1. Leia os trechos a seguir, extraídos de um artigo do Padre Mário Marcelo Coelho, teólogo moral, sobre o cenário político brasileiro:

> Estamos acompanhando uma profunda crise política, econômica e institucional, que gera instabilidade e insegurança na vida do povo.
>
> [...]

> A crise política e econômica é grave, mas entendo que tudo decorre de uma crise moral. A falta de princípios éticos de justiça, respeito, honestidade etc. leva consequentemente a comportamentos que prejudicam a nação. (Coelho, 2016)

Faça uma entrevista com duas ou três pessoas, questionando-as sobre o que pode e deve ser feito para que superemos a atual crise política.

Considerações finais

A o longo desta obra, demonstramos que a Doutrina Social da Igreja nasceu do encontro entre a mensagem evangélica, com suas exigências, e os problemas históricos que surgiram (e surgem) nas relações sociais. Considerando os aspectos técnicos e analíticos dos problemas em questão, explicamos que o ensinamento social exerce seu julgamento de um ponto de vista moral, à luz de seus princípios e valores, a fim de contribuir para o verdadeiro bem comum da humanidade.

Salientamos que, como disciplina integrante da moral social, a Doutrina Social da Igreja é constituída paulatinamente pelo conjunto de pronunciamentos e documentos do Magistério pontifício a respeito das questões sociais. Isso porque as sucessivas intervenções do Magistério, em caráter pastoral, são motivadas pelas contingências históricas e suas consequências na vida dos indivíduos e das sociedades. Com a finalidade de propor uma solução moral às questões colocadas nesse âmbito e aos programas de organização social, o Magistério pontifício estimulou o aprofundamento da moral social para a vida cristã.

Ainda nesta obra, abordamos a importância de conhecer a Doutrina Social da Igreja e de aprofundar o estudo sobre ela, considerando-a em diálogo permanente e dinâmico com a história, a fim de que as reflexões que ela propõe sejam pertinentes e constantemente atualizadas na perspectiva da fé. Ou seja, o ensinamento Social da Igreja não deve ser visto como um *corpus* doutrinal cristalizado no tempo e no espaço, mas como um organismo vivo, dinâmico, que se coloca em permanente releitura da mensagem evangélica ante os apelos histórico-sociais.

Por isso, para discernir os "sinais dos tempos", você deve considerar a realidade histórica de modo encarnado, evangelicamente autêntico, integrando os fatos e acontecimentos não como se houvesse duas histórias, uma profana e outra sagrada, mas reconhecendo que há uma única história de salvação. Ressaltamos que o contexto histórico-social e político sempre envolve e implica a vida concreta de um povo, sua dignidade e o bem comum, razão por que se apresenta como questão pertinente à Igreja.

Retomamos também alguns antecedentes históricos da Igreja, os quais revelam que a preocupação social sempre esteve presente entre os elementos constitutivos da fé. Tendo como fonte o Evangelho e os relatos a respeito das primeiras comunidades cristãs, entendemos que a consciência social se faz presente já na Igreja Antiga, com os Padres da Igreja, e percorre a Idade Média por meio de seus grandes teólogos. Na Idade Moderna, com a separação entre Igreja e Estado, houve um processo de purificação e distinção de sua missão no mundo, resgatando-se, na contemporaneidade, as fontes bíblicas e patrísticas da dimensão social da fé. Mais especificamente a partir do século XVIII, com a evolução dos meios de transportes e das máquinas e com a mecanização dos sistemas de produção, desencadeou-se a Revolução Industrial. A nova relação entre capital, produção e trabalho desenvolvida pela burguesia rompeu com a organização corporativa de agricultores e artesãos, estabelecida desde o mundo antigo.

Destacamos, ainda, que a nova organização política provocou profundas mudanças econômicas no cenário social, criando uma nova classe de trabalhadores assalariados que sofreram o impacto causado pelo tríplice fenômeno da industrialização, do capitalismo e do liberalismo. Nesse contexto, a Igreja interveio de modo novo, em solicitude pastoral para com a grande massa de trabalhadores operários, que sofriam longas jornadas de trabalho, sem critério de idade ou sexo, recebendo baixos salários e sem condições adequadas de saúde. Foi então que o Papa Leão XIII escreveu a encíclica *Rerum Novarum* (1891), assinalando um novo início e um substancial desenvolvimento do ensinamento eclesial em campo social. Além disso, esse documento serviu como referência para documentos posteriores.

Ainda nesta obra, você aprendeu que a natureza da Doutrina Social da Igreja tem uma **dimensão teórica**, pois reflete sobre os problemas sociais concretos e elabora o corpo teórico que irá indicar a visão da Igreja, tendo em vista suas verdades e seus princípios éticos de caráter permanente; uma **dimensão histórica**, por tratar da vida social em cada momento histórico concreto; e uma **dimensão prática**, pelo fato de engajar para a ação, para a práxis da fé. Assim, ela é um saber iluminado pela fé, em diálogo permanente com outros saberes, que de maneira dinâmica e continuada propõe uma sociedade evangelicamente mais justa e solidária.

Abordamos a estreita relação entre os princípios e os valores fundamentais da doutrina social. Os princípios do **bem comum**, da **solidariedade**, da **subsidiariedade** e da **participação** são instrumentos contínuos de análise dos mais variados contextos histórico-sociais. Enfatizamos que o reconhecimento da dignidade humana exige tanto o exercício das atitudes morais correspondentes aos valores da **verdade**, da **justiça**, da **liberdade** e da **caridade** quanto a prática dos princípios fundamentais mencionados.

Ao expor os pressupostos da natureza epistemológica da Doutrina Social da Igreja, seus princípios e valores fundamentais como critérios para a determinação de seu posicionamento histórico nas questões sociais, pretendemos motivar você a pôr em prática as implicações da moral social, principalmente nos âmbitos econômico e político, pois estes estão relacionados à integridade da vida humana e ao bem comum.

Nesta obra, comentamos ainda sobre questões próprias da economia e da política que afetam diretamente a sociedade como um todo. Quanto a essas questões, você deve questionar se o progresso da economia traz consigo o desenvolvimento humano, pois aquilo que poderia diminuir as desigualdades sociais muitas vezes é o fator que as agrava. A Igreja, nesse sentido, reflete sobre a vida econômico-social e assinala sua primazia em honrar e promover a dignidade de cada pessoa e o bem comum de toda a sociedade.

Esclarecemos que as dimensões social e política são intrínsecas à natureza humana e necessárias para sua plenitude. A razão de existir de uma comunidade política é facilitar o crescimento de cada um dos membros da sociedade tendo em vista do bem comum. Mas quando essa comunidade subjuga suas decisões e ações aos interesses econômicos de grupos voltados ao acúmulo de capital, esvazia-se sua força moral e ela acaba massacrando a dignidade e o direito dos mais vulneráveis. Sob esse aspecto, destacamos que tanto a política quanto a economia não devem ser meramente aceitas como instâncias de pequenos grupos que detêm o poder social. Ao contrário, elas devem se colocar a serviço da vida, tendo em vista a dignidade humana. Afinal, as decisões políticas têm grande influência sobre a vida e sobre o desenvolvimento humano e ecológico do mundo em que vivemos.

Ao longo desta obra, ressaltamos que o ensinamento social da Igreja, tanto por meio do Magistério pontifício quanto das conferências episcopais, tem nos chamado a atenção para um novo "*éfeta*", isto é, uma nova abertura, a fim de que abramos os ouvidos e o coração para o clamor que brota de milhões de seres humanos em situações indignas de vida, desnudados de seus direitos e excluídos da sociedade como descarte. Eles são mais do que estatísticas, são pessoas reais, marginalizadas nas ruas de nossas cidades, amontoadas em nossas periferias. Como enfatizamos várias vezes, esses indivíduos são criados à imagem e semelhança de Deus e carregam a mesma dignidade que nos constitui como seres humanos.

Assim, esperamos ter incutido em você a ideia de que levar todas as pessoas a tomarem consciência dessa verdade fundamental potencializará a força humano-divina que cada uma delas carrega, levando-as a superar uma visão fatalista de si mesmas e da sociedade e tornando-as sujeitos responsáveis na transformação social. Em meio às circunstâncias mutáveis da história, os princípios e valores propostos pela Doutrina Social da Igreja darão critérios para avaliar o bem comum e diretrizes de ação para que você possa promover, de maneira vigorosa, essa tomada de consciência em seus semelhantes.

Lista de siglas

Sigla	Documento	Autoria	Observações
AA	*Apostolicam Actuositatem*	Papa Paulo VI; 18/11/1965.	Decreto sobre o apostolado dos leigos.
AL	*Amoris Laetitia*	Papa Francisco; 19/03/2016.	Exortação apostólica pós-sinodal sobre a alegria do amor na família.
CA	*Centesimus Annus*	Papa João Paulo II; 01/05/1991.	Carta encíclica no centenário da *Rerum Novarum*.
CD	*Christus Dominus*	Papa Paulo VI; 28/10/1965.	Decreto sobre o ofício pastoral dos bispos na Igreja.
CDF	*Congregação para a Doutrina da Fé*		Documento que expõe sistematicamente a fé e a doutrina católica.
CDSI	*Compêndio da Doutrina Social da Igreja*	Pontifício Conselho de Justiça e Paz (2004).	

Sigla	Documento	Autoria	Observações
CIC	*Catecismo da Igreja Católica*	Papa João Paulo II; 11/10/1992.	Documento que expõe sistematicamente a fé e a doutrina católica.
CL	*Christifideles Laici*	Papa João Paulo II; 30/12/1988.	Exortação apostólica pós-sinodal sobre vocação e missão dos leigos na Igreja e no mundo.
CNBB	*Conferência Nacional dos Bispos do Brasil*		Instituição permanente que congrega os Bispos da Igreja Católica no Brasil.
CV	*Caritas in Veritate*	Papa Bento XVI; 29/06/2009.	Carta encíclica sobre o desenvolvimento humano integral na caridade e na verdade.
DAp	*Documento de Aparecida*	Conferência Geral do Episcopado Latino-Americano e do Caribe.	Texto conclusivo da V Conferência Geral do Episcopado Latino-Americano e do Caribe.
DF	*Dei Filius*	Papa Pio IX; 24/04/1870.	Constituição dogmática.
DH	*Dignitatis Humanae*	Papa Paulo VI; 07/12/1965.	Declaração sobre a liberdade religiosa.
DM	*Dives in Misericordia*	João Paulo II; 30/11/1980.	Carta encíclica sobre a misericórdia divina.
Docat	*Docat: como agir?*	Conferência Episcopal Austríaca. Aprovado pelo Conselho Pontifício para a Promoção da Nova Evangelização.	Tradução popular da Doutrina Social da Igreja.
DS	Compêndio dos símbolos, definições e declarações de fé e moral.	Denzinger – Hünermann, 2013, 2. ed. rev. e ampl.	Editio XXXV emendata, Romae 1973.
DV	*Dei Verbum*	Papa Paulo VI; 18/11/1965.	Constituição dogmática sobre a Revelação divina.

Sigla	Documento	Autoria	Observações
EG	*Evangelii Gaudium*	Papa Francisco; 24/11/2013.	Exortação apostólica sobre o anúncio do evangelho no mundo atual.
EN	*Evangelii Nuntiandi*	Papa Paulo VI; 08/12/1975.	Exortação apostólica sobre a evangelização no mundo contemporâneo.
EV	*Evangelium Vitae*	Papa João Paulo II; 25/03/1995.	Carta encíclica sobre o valor e a inviolabilidade da vida humana.
FC	*Familiaris Consortio*	Papa João Paulo II; 22/11/1981.	Exortação apostólica sobre a função da família cristã no mundo de hoje.
FD	*Fidei Depositum*	Papa João Paulo II; 11/10/1992.	Constituição apostó-lica para a publicação do Catecismo da Igreja Católica redigido depois do Concílio Vaticano II.
GS	*Gaudium et Spes*	Papa Paulo VI; 07/12/1965.	Constituição pastoral sobre a Igreja no mundo atual.
HV	*Humanae Vitae*	Papa Paulo VI; 25/07/1968.	Carta encíclica sobre a regulação da natalidade.
IM	*Inter Mirifica*	Papa Paulo VI; 04/12/1966.	Decreto sobre os meios de comunicação social.
LC	*Libertatis Conscientia*	Congregação para a Doutrina da fé; 22/03/1986.	Instrução sobre a liberdade cristã e a libertação.
LE	*Laborem Exercens*	João Paulo II; 14/09/1981.	Carta encíclica sobre o trabalho humano no 90° aniversário da *Rerum Novarum*.
LF	*Lumen Fidei*	Papa Francisco; 29/06/2013.	Carta encíclica sobre a fé.
LG	*Lumen Gentium*	Papa Paulo VI; 21/11/1964.	Constituição dogmática sobre a Igreja.
LS	*Laudato Si*	Papa Francisco; 24/05/2015.	Carta encíclica sobre o cuidado da casa comum.
MD	*Mulieris Dignitatem*	Papa João Paulo II; 15/08/1988.	Carta apostólica sobre a dignidade e a vocação da mulher.

Sigla	Documento	Autoria	Observações
MM	*Mater et Magistra*	Papa João XXIII; 15/05/1961.	Carta encíclica sobre a recente evolução da questão social à luz da doutrina cristã.
NA	*Nostra Aetate*	Papa Paulo VI; 28/10/1965.	Declaração sobre a Igreja e as religiões não cristãs.
OA	*Octogesima Adveniens*	Papa Paulo VI; 14/05/1971.	Carta apostólica por ocasião do 80° aniversário da encíclica *Rerum Novarum*.
PP	*Populorum Progressio*	Papa Paulo VI; 26/03/1967.	Carta encíclica sobre o desenvolvimento dos povos.
PT	*Pacem in Terris*	Papa João XXIII; 11/04/1963.	Carta encíclica sobre a paz de todos os povos na base da verdade, justiça, caridade e liberdade.
QA	*Quadragesimo Anno*	Papa Pio XI; 15/05/1931.	Carta encíclica sobre a restauração e aperfeiçoamento da ordem social em conformidade com a lei evangélica no XL aniversário da encíclica de Leão XIII *Rerum Novarum*.
RH	*Redemptor Hominis*	Papa João Paulo II; 04/03/1979.	Carta Encíclica de início do ministério pontifício do Papa João Paulo II.
SRS	*Sollicitudo rei Socialis*	Papa João Paulo II; 30/12/1987.	Carta encíclica pelo vigésimo aniversário da encíclica *Populorum Progressio*.
UR	*Unitatis Redintegratio*	Papa Paulo VI; 21/11/1964.	Decreto sobre o ecumenismo.
UUS	*Ut Unum Sint*	Papa João Paulo II; 25/05/1995.	Carta encíclica sobre o empenho ecumênico.
VS	*Veritatis Splendor*	Papa João Paulo II; 06/08/1993.	Carta encíclica sobre algumas questões fundamentais do ensinamento moral da Igreja.

Referências

ARISTÓTELES. **A Política**. Tradução de Roberto Leal Ferreira. 2. ed. São Paulo: M. Fontes, 1998.

BENTO XVI, Papa. **Carta Encíclica *Caritas in Veritate***: sobre o desenvolvimento humano integral na caridade e na verdade. São Paulo: Paulinas, 2009.

______. **Discurso do Santo Padre durante a visita ao campo de concentração de Auschwitz-Birkenau**. Viagem apostólica do Papa Bento XVI à Polônia. 28 maio 2006. Disponível em: <https://w2.vatican.va/content/benedict-xvi/pt/speeches/2006/may/documents/hf_ben-xvi_spe_20060528_auschwitz-birkenau.html>. Acesso em: 22 nov. 2017.

BÍBLIA. Português. **A Bíblia de Jerusalém**. 7. ed. rev. e ampl. São Paulo: Paulus, 1995.

BÖCKLE, F.; HÖVER, G. Direitos humanos/dignidade humana. In: EICHER, P. **Dicionário de conceitos fundamentais de teologia**. São Paulo: Paulus, 1993.

BOEING, J. O poder do Estado e a construção da justiça e da paz. **Revista Vida Pastoral**, p. 21-27, mar./abr. 2009. Disponível em: <http://www.vidapastoral.com.br/artigos/atualidade/o-poder-do-estado-e-a-construcao-da-justica-e-da-paz/>. Acesso em: 22 nov. 2017.

BRASIL. Constituição (1988). **Diário Oficial da União**, Brasília, 5 out. 1988. Disponível em: <http://www.planalto.gov.br/ccivil_03/Constituicao/Constituicao.htm>. Acesso em: 22 nov. 2017.

BUBER, M. **Eu e tu**. Tradução de Newton Aquiles Von Zuben. 10. ed. São Paulo: Centauro, 2012.

CAMACHO, I. **Doutrina Social da Igreja**: abordagem histórica. Tradução de J. A. Ceschin. São Paulo: Loyola, 1995. (Coleção Cristianismo e Modernidade).

CATECISMO DA IGREJA CATÓLICA. Petrópolis: Vozes; São Paulo: Loyola, 1992.

CELAM – Conselho Episcopal Latino-Americano. **Documento de Aparecida:** texto conclusivo da V Conferência Geral do Episcopado Latino-Americano e do Caribe. Brasília: CNBB; São Paulo: Paulus; Paulinas, 2007.

CÍCERO, M. T. **Da República**. Rio de Janeiro: Edições de Ouro, s/d.

CNBB – Conferência Nacional dos Bispos do Brasil. **Temas da Doutrina Social da Igreja**. São Paulo: Paulinas, 2004. (Cadernos da CNBB, n. 1-3).

COELHO, M. **Crise política e econômica decorre da crise moral, diz doutor na área.** 2016. Disponível em: <https://noticias.cancaonova.com/brasil/crise-politica-e-economica-decorre-da-crise-moral-diz-doutor-na-area/>. Acesso em: 27 jan. 2018.

COLOM, E. **Curso de doctrina social de la iglesia**. 2. ed. Madrid: Palabra, 2006. (Colección Pelícano).

______. **Scelti in Cristo per essere santi**: morale sociale. Roma: Edusc, 2008. v. IV.

CONCÍLIO VATICANO II. **Compêndio do Vaticano II**: constituições, decretos e declarações. 20. ed. Petrópolis: Vozes, 1969.

CONFERÊNCIA EPISCOPAL AUSTRÍACA. **Docat**: como agir? Tradução de José Jacinto Farias. São Paulo: Paulus, 2017.

CONGREGAÇÃO PARA A DOUTRINA DA FÉ. **Instrução *Libertatis Conscientia***: sobre a liberdade cristã e a libertação. Roma, 1986. Disponível em: <http://www.vatican.va/roman_curia/congregations/cfaith/documents/rc_con_cfaith_doc_19860322_freedom-liberation_po.html>. Acesso em: 3 mar. 2018.

CORDEIRO, V. L. **Os valores fundamentais da Doutrina Social da Igreja.** 30 mar. 2016. Disponível em: <https://www.paulus.com.br/portal/colunista/valdecir-cordeiro/os-valores-fundamentais-da-doutrina-social-da-igreja.html#.WfB0DltSyM8>. Acesso em: 25 out. 2017.

DEIFELT, W. Teologias feministas. In: BORTOLLETO FILHO, F. (Org.). **Dicionário brasileiro de teologia.** São Paulo: Aste, 2008.

DENZINGER, H. **Compêndio dos símbolos, definições e declarações de fé e moral.** 3. ed. São Paulo: Paulinas, 2015.

FASSINI, D. **A dimensão social da evangelização (176-258).** 26 set. 2014. Disponível em: <http://www.franciscanos-rs.org.br/a-dimensao-social-da-evangelizacao-176-258/>. Acesso em: 25 out. 2017.

FERNÁNDEZ, A. **Teología moral III**: moral social, económica y política. Burgos: Aldecoa, 1993.

FRANCISCO, Papa. **Laudato Si' (Louvado seja)**: sobre o cuidado da casa comum. São Paulo: Loyola; Paulus, 2015. (Coleção Documentos do Magistério).

______. Evangelii Gaudium: A Alegria do Evangelho: sobre o anúncio do Evangelho no mundo atual. Brasília: CNBB, 2013.

______. Amoris Laetitia: sobre o amor na família. Brasília: CNBB, 2016. (Documentos Pontifícios, 24).

HOEPERS, R. **Teologia moral no Brasil**: um perfil histórico. Aparecida: Santuário, 2015.

HOUAISS, A.; VILLAR, M. de S. **Minidicionário da Língua Portuguesa.** Instituto Antônio Houaiss. Rio de Janeiro: Objetiva, 2001.

IGLÉSIAS, F. **A Revolução Industrial.** São Paulo: Brasiliense, 1981. (Coleção Tudo é História).

JOÃO PAULO II, Papa. **Carta Apostólica *Mulieris Dignitatem***: a dignidade e a vocação da mulher. 6. ed. São Paulo: Paulinas, 2005.

______. **Carta do Papa João Paulo II às mulheres.** São Paulo: Paulus, 1995a.

______. **Carta Encíclica *Centesimus Annus***: centenário da *Rerum Novarum*. São Paulo: Paulinas, 1991.

JOÃO PAULO II, Papa. **Carta Encíclica *Dives in Misericordia***: sobre a misericórdia divina. Roma, 30 nov. 1980. Disponível em: <http://w2.vatican.va/content/john-paul-ii/pt/encyclicals/documents/hf_jp-ii_enc_30111980_dives-in-misericordia.html>. Acesso em: 3 mar. 2018.

______. **Carta Encíclica *Evangelium Vitae***: sobre o valor e a inviolabilidade da vida humana. Rio de Janeiro: Loyola, 1995b.

______. **Carta Encíclica *Laborem Exercens***: sobre o trabalho humano no 90º aniversário da *Rerum Novarum*. São Paulo: Paulinas, 1981a.

______. **Carta Encíclica *Sollicitudo Rei Socialis***. Roma, 1987. Disponível em: <http://w2.vatican.va/content/john-paul-ii/pt/encyclicals/documents/hf_jp-ii_enc_30121987_sollicitudo-rei-socialis.html>. Acesso em: 3 mar. 2018.

______. **Carta Encíclica *Ut Unum Sint***: sobre o empenho ecumênico. São Paulo: Paulinas, 1995c.

______. **Carta Encíclica *Veritatis Splendor***: sobre algumas questões fundamentais do ensinamento moral da Igreja. Rio de Janeiro: Loyola, 1993.

______. Constituição Apostólica *Fidei Depositum*: para a publicação do Catecismo da Igreja Católica redigido depois do Concílio Vaticano II. In: ______. **Catecismo da Igreja Católica**. Petrópolis: Vozes; São Paulo: Loyola, 1992.

______. **Encíclica *Redemptor Hominis***: sobre o redentor do homem. Petrópolis: Vozes, 1986.

______. **Exortação Apostólica *Familiaris Consortio***: sobre a função da família cristã no mundo de hoje. Roma: Libreria Editrice Vaticana, 1981b.

______. **Exortação Apostólica pós-sinodal *Christifideles Laici***: sobre vocação e missão dos leigos na Igreja e no mundo. São Paulo: Paulinas, 1989.

JOÃO XXIII, Papa. **Encíclica *Mater et Magistra***: sobre a recente evolução da questão social à luz da doutrina cristã. Porto Alegre: Sesi-RS, 1962.

______. **Encíclica *Pacem in Terris***: a paz de todos os povos na base da verdade, justiça, caridade e liberdade. Roma: Libreria Editrice Vaticana, 1963.

KANT, I. **Fundamentação da metafísica dos costumes**. Tradução de Paulo Quintela. Lisboa: Edições 70, 1997.

LÉVINAS, E. **Entre nós**: ensaios sobre a alteridade. Tradução de Pergentino Stefano Pivatto et al. 2. ed. Petrópolis: Vozes, 2005.

MARQUES, A.; BERUTTI, F.; FARIA, R. **História Contemporânea através de textos**. 11. ed. São Paulo: Contexto, 2005. v. 5. (Coleção Textos e Documentos).

MENEGATTI, L. F. A dignidade da mulher em João Paulo II: um estudo a partir da *Mulieris Dignitatem* na perspectiva do planejamento da parentalidade. 102 f. Dissertação (Mestrado em Teologia) – Pontifícia Universidade Católica do Paraná, Curitiba, 2016. Disponível em: <http://www.biblioteca.pucpr.br/tede/tde_busca/arquivo.php?codArquivo=3438>. Acesso em: 25 out. 2017.

MODELL, F. L. Direitos civis e políticos e direitos econômicos, sociais e culturais: dicotomia ou integração? Revista CEJ, v. 4, n. 10, jan./abr. 2000. Disponível em: <http://www.jf.jus.br/ojs2/index.php/revcej/article/viewArticle/250/520>. Acesso em: 25 out. 2017.

MONDIN, B. **Os grandes teólogos do século vinte**: os teólogos católicos. Tradução de José Fernandes. 2. ed. São Paulo: Paulinas, 1979. v. 1. (Coleção Teologia Hoje).

ONU – Organização das Nações Unidas. **Declaração Universal dos Direitos Humanos**. 1948. Disponível em: <http://www.dudh.org.br>. Acesso em: 22 nov. 2017.

PAULO VI, Papa. **Carta Apostólica *Octogesima Adveniens* de Sua Santidade o Papa Paulo VI por ocasião do 80º aniversário da Encíclica *Rerum Novarum***. São Paulo: Paulinas, 2000. (Coleção A Voz do Papa).

______. **Carta Encíclica *Humanae Vitae* de Sua Santidade o Papa Paulo VI sobre a regulação da natalidade**. São Paulo: Paulinas, 2004. (Coleção A Voz do Papa).

______. **Carta Encíclica *Populorum Progressio***: sobre o desenvolvimento dos povos. São Paulo: Paulinas, 1978.

______. **Exortação Apostólica *Evangelii Nuntiandi* do Sumo Pontífice Paulo VI sobre a evangelização no mundo contemporâneo**. São Paulo: Paulinas, 1977. (Coleção a Voz do Papa).

PESSINI, L. **Bioética**: um grito por dignidade de viver. 3. ed. rev. e atual. São Paulo: Paulinas, 2008.

PESSINI, L.; BARCHIFONTAINE, C. de P. de. **Problemas atuais de bioética**. 10. ed. São Paulo: Centro Universitário São Camilo; Loyola, 2012.

PONTIFÍCIO CONSELHO "JUSTIÇA E PAZ". **Compêndio da Doutrina Social da Igreja.** 2004. Disponível em: <http://www.vatican.va/roman_curia/pontifical_councils/justpeace/documents/rc_pc_justpeace_doc_20060526_compendio-dott-soc_po.html>. Acesso em: 22 nov. 2017.

QUEIRUGA, A. T. **Recuperar a criação**: por uma religião humanizadora. São Paulo: Paulus, 1999. (Coleção Teologia Hoje).

RIBEIRO E SILVA, G. **São João Crisóstomo (350-407)**. set. 2009. Disponível em: <http://coracaomistico.blogspot.com.br/2009/09/sao-joao-crisostomo-350-407.html>. Acesso em: 25 jan. 2018.

RUBIO, A. G. **Unidade na pluralidade**: o ser humano à luz da fé e da reflexão cristãs. São Paulo: Paulus, 2001. (Coleção Teologia Sistemática).

SANTOS, J. R. S. dos. **Vida no Espírito e compromisso social em São João Crisóstomo**: análise a partir das homilias sobre a Carta aos Romanos, capítulo oito. 111 f. Dissertação (Mestrado em Teologia) – Pontifícia Universidade Católica de São Paulo, São Paulo, 2014. Disponível em: <https://sapientia.pucsp.br/bitstream/handle/18339/1/Jose%20Rogerio%20Soares%20dos%20Santos.pdf>. Acesso em: 25 out. 2017.

SOUZA, G. A. F. de. **DSI**: Doutrina Social da Igreja. Disponível em: <http://www.pastoralfp.com/curso/DSI-Prof-Glaucio.ppt>. Acesso em: 25 out. 2017.

TOMÁS DE AQUINO, São. **Suma Teológica.** Volume V – Questões 1-79. Tradução de Alexandre Corrêa. 2. ed. Porto Alegre: Escola Superior de Teologia São Lourenço de Brindes; Livraria Sulina, 1980.

UNESCO – Organização das Nações Unidas para a Educação, Ciência e Cultura. **Declaração Universal sobre Bioética e Direitos Humanos.** Disponível em: <http://unesdoc.unesco.org/images/0014/001461/146180por.pdf>. Acesso em: 22 nov. 2017.

VAZ, A. dos S. O específico da justiça na Bíblia hebraica. **Cultura**: Revista de História e Teoria das Ideias, v. 30, p. 63-75, 2012. Disponível em: <https://cultura.revues.org/1563>. Acesso em: 25 out. 2017.

Bibliografia comentada

BENTO XVI, Papa. **Carta Encíclica *Caritas in Veritate***: sobre o desenvolvimento humano integral na caridade e na verdade. São Paulo: Paulinas, 2009.

Esse documento apresenta a Doutrina Social como serviço da caridade na verdade, embasando os valores da vida em sociedade.

BÍBLIA. Português. **A Bíblia de Jerusalém**. 7. ed. rev. e ampl. São Paulo: Paulus, 1995.

A Sagrada Escritura é fonte de toda a teologia moral e referência dos princípios e valores que regem a Doutrina Social da Igreja, iluminando o agir cristão.

CAMACHO, I. **Doutrina Social da Igreja**: abordagem histórica. Tradução de J. A. Ceschin. São Paulo: Loyola, 1995. (Coleção Cristianismo e Modernidade).

Essa obra é relevante pelas informações históricas que o autor fornece, sempre em sintonia com o desenvolvimento da Doutrina Social da Igreja.

CATECISMO DA IGREJA CATÓLICA. Petrópolis: Vozes; São Paulo: Loyola, 1999.

O CIC expõe os elementos fundamentais da fé cristã professada, celebrada, vivenciada e rezada, apresentando a integralidade dessas dimensões para um seguimento autêntico de adesão à Igreja.

CELAM – Conselho Episcopal Latino-Americano. **Documento de Aparecida**: texto conclusivo da V Conferência Geral do Episcopado Latino-Americano e do Caribe. Brasília: CNBB; São Paulo: Paulus; Paulinas, 2007.

Esse documento traduz para o leitor a realidade latino-americana da Igreja e a reflete de modo atualizado no contexto contemporâneo.

CNBB – Conferência Nacional dos Bispos do Brasil. **Temas da Doutrina Social da Igreja**. São Paulo: Paulinas, 2004. (Cadernos da CNBB, n. 1-3).

Essa coleção, publicada pela CNBB, apresenta a Doutrina Social da Igreja de modo sistematicamente didático para qualquer leitor.

COLOM, E. **Curso de doctrina social de la iglesia**. 2. ed. Madrid: Palabra, 2006. (Colección Pelícano).

______. **Scelti in Cristo per essere santi**: morale sociale. Roma: Edusc, 2008. v. IV.

Nessas duas obras, Enrique Colom apresenta uma visão geral da Doutrina Social da Igreja.

CONCÍLIO VATICANO II. **Compêndio do Vaticano II**: constituições, decretos e declarações. 20. ed. Petrópolis: Vozes, 1969.

Esse documento compõe as constituições, os decretos e as declarações do Concílio Vaticano II e propõe uma reflexão atualizada sobre o ser e a missão da Igreja no mundo.

CONFERÊNCIA EPISCOPAL AUSTRÍACA. **Docat**: como agir? Tradução de José Jacinto Farias. São Paulo: Paulus, 2017.

Essa é uma tradução sistemática e popular da Doutrina Social da Igreja, que oferece uma leitura atualizada sobre o ensinamento social da Igreja.

CONGREGAÇÃO PARA A DOUTRINA DA FÉ. **Instrução *Libertatis Conscientia*:** sobre a liberdade cristã e a libertação. Roma, 1986. Disponível em: <http://www.vatican.va/roman_curia/congregations/cfaith/documents/rc_con_cfaith_doc_19860322_freedom-liberation_po.html>. Acesso em: 3 mar. 2018.

Essa instrução desenvolve os conceitos de verdade e liberdade numa perspectiva da fé cristã, indicando Jesus Cristo como seu elemento fontal.

FERNÁNDEZ, A. **Teología moral III**: moral social, económica y política. Burgos: Aldecoa, 1993.

Essa obra estabelece seções com temáticas preponderantes relacionadas à moral para ampliar a reflexão sobre economia e política, como: trabalho, valor, dinheiro, autoridade política, direitos humanos e outras.

FRANCISCO, Papa. ***Evangelii Gaudium***: a alegria do Evangelho – sobre o anúncio do Evangelho no mundo atual. Brasília: CNBB, 2013.

O documento apresenta o programa ministerial do Papa Francisco e de toda a Igreja no atual contexto contemporâneo e o caráter dinâmico da evangelização, que deve penetrar também as estruturas sociais, em espírito de diálogo, abertura e comprometimento decorrente da fé.

FRANCISCO, Papa. **Laudato Si' (Louvado seja)**: sobre o cuidado da casa comum. São Paulo: Loyola; Paulus, 2015. (Coleção Documentos do Magistério).

Essa encíclica social apresenta as questões ecológicas considerando seu caráter social e com uma abordagem atualizada. Para a Doutrina Social da Igreja, a ecologia é muito mais que um discurso "verde", exatamente porque tem repercussões éticas, de cunho econômico e político, e implica nossa corresponsabilidade pela "casa comum"

HOEPERS, R. **Teologia moral no Brasil**: um perfil histórico. Aparecida: Santuário, 2015.

Essa obra é resultado de uma tese de doutorado do autor, que fez uma pesquisa significativa a respeito do perfil histórico da teologia moral no Brasil.

JOÃO PAULO II, Papa. **Carta Apostólica *Mulieris Dignitatem***: a dignidade e a vocação da mulher. 6. ed. São Paulo: Paulinas, 2005.

______. **Carta do Papa João Paulo II às mulheres.** São Paulo: Paulus, 1995.

Os dois documentos conferem pronunciamentos da Igreja a respeito da mulher que permanecem relevantes tanto para a reflexão eclesial quanto para as questões sociais.

JOÃO PAULO II, Papa. **Carta Encíclica *Centesimus Annus***: centenário da *Rerum Novarum*. São Paulo: Paulinas, 1991.

Assim como a *Sollicitudo Rei Socialis*, esse texto é um subsídio para o princípio da solidariedade e ajuda no entendimento do princípio da subsidiariedade.

JOÃO PAULO II, Papa. **Carta Encíclica *Sollicitudo Rei Socialis*.** Roma, 1987. Disponível em: <http://w2.vatican.va/content/john-paul-ii/pt/encyclicals/documents/hf_jp-ii_enc_30121987_sollicitudo-rei-socialis.html>. Acesso em: 3 mar. 2018.

Essa encíclica de João Paulo II esclarece o princípio da solidariedade, explicitando que não se trata de um sentimento de compaixão vago ou superficial, mas é expressão da determinação firme e perseverante de se empenhar pelo bem comum.

LEÃO XIII, Papa. **Carta encíclica *Rerum Novarum***: sobre a condição dos operários. 1891. Disponível em: <https://w2.vatican.va/content/leo-xiii/pt/encyclicals/documents/hf_l-xiii_enc_15051891_rerum-novarum.html>. Acesso em: 22 nov. 2017.

Esse é o primeiro documento sistemático da Doutrina Social da Igreja, a partir do qual se estrutura uma série de documentos do Magistério que formarão o corpo doutrinal que integra a moral social da Igreja.

PAULO VI, Papa. **Carta Apostólica *Octogesima Adveniens* de Sua Santidade o Papa Paulo VI por ocasião do 80º aniversário da Encíclica *Rerum Novarum*.** São Paulo: Paulinas, 2000. (Coleção A Voz do Papa).

Esse documento trata do diálogo permanente da Doutrina Social da Igreja com outros saberes.

PAULO VI, Papa. **Carta Encíclica *Populorum Progressio***: sobre o desenvolvimento dos povos. São Paulo: Paulinas, 1978.

Esse documento relaciona o desenvolvimento dos povos ao desenvolvimento econômico. O texto questiona a ideia de *progresso* atrelada, de forma equivocada, à ideia de *sucesso financeiro*. Esse questionamento se pauta em uma moral que considera o ser humano como parte significativa desse processo de desenvolvimento.

PONTIFÍCIO CONSELHO "JUSTIÇA E PAZ". **Compêndio da Doutrina Social da Igreja**. 2004. Disponível em: <http://www.vatican.va/roman_curia/pontifical_councils/justpeace/documents/rc_pc_justpeace_doc_20060526_compendio-dott-soc_po.html>. Acesso em: 22 nov. 2017.

Esse documento contém as bases da Doutrina Social da Igreja e apresenta uma estrutura sistemática de seu ensinamento.

RUBIO, A. G. **Unidade na pluralidade**: o ser humano à luz da fé e da reflexão cristãs. São Paulo: Paulus, 2001. (Coleção Teologia Sistemática).

Essa obra reflete sobre o ser humano à luz da fé cristã, fornecendo fundamentos bíblico-teológicos substanciais para a reflexão do tema proposto. A dignidade humana é o princípio fundamental e seu reconhecimento é a base para todos os outros princípios sociais.

ONU – Organização das Nações Unidas. **Declaração Universal dos Direitos Humanos**. 1948. Disponível em: <http://www.dudh.org.br>. Acesso em: 22 nov. 2017.

Esse documento é importante pela sua relevância universal e seu peso histórico. Promulgada em 1948, após a barbárie da Segunda Guerra Mundial, a Declaração é resultado da tentativa de construção de um mundo melhor, baseado no reconhecimento dos direitos humanos fundamentais e no respeito a esses direitos. O primeiro dos 30 artigos fundamenta a dignidade humana como princípio básico dos direitos humanos universais.

Respostas

Capítulo 1

Atividades de autoavaliação

1. b
2. c
3. d
4. a
5. a

Atividades de aprendizagem

Questões para reflexão

1. A encíclica *Rerum Novarum*, de Leão XIII, apresenta um posicionamento sobre a questão dos operários no contexto da Revolução Industrial. Especificamente no oitavo parágrafo, ela aborda a relação entre a Igreja e os problemas sociais, justificando no Evangelho o

direito e o dever de tomar partido diante das injustiças presentes na sociedade. O que motiva a Igreja a isso não são questões de interesse meramente econômicos ou políticos, mas sim a defesa e a promoção da dignidade humana de cada cidadão e do bem comum.

2. O ensinamento social da Igreja não provém de teorias abstratas, mas sim do apelo pastoral que brota em meio aos cenários histórico-sociais confrontados com os valores do Evangelho. Nesse contexto, prezando o princípio da dignidade humana e do bem comum, constituiu-se e desenvolveu-se a doutrina social como um corpo doutrinal que se atualiza constantemente na história, à luz do Espírito Santo.

Capítulo 2

Atividades de autoavaliação

1. d
2. b
3. b
4. b
5. a
6. c

Atividades de aprendizagem

Questões para reflexão

1. As atrocidades da Segunda Guerra Mundial (1939-1945) e os sistemas totalitaristas geraram a morte de milhões de pessoas, o que levou o mundo a repensar o valor fundamental da dignidade humana. Tudo o que ofende a dignidade de uma pessoa ofende também a Deus, pois cada indivíduo é criado à Sua imagem e semelhança (Gn 1,26). A encíclica *Pacem in Terris*, do Papa João XXIII, é um apelo de paz na terra pelo reconhecimento da dignidade intrínseca a cada pessoa humana.

2. A Doutrina Social da Igreja não consiste em norma teológica, fechada em si mesma, com a qual podemos julgar, sem nenhum critério, os contextos sociais, econômicos e políticos. Ela se faz no diálogo aberto e constante com outras ciências (econômicas, naturais, sociais e técnicas). Desse modo, em atitude dialógica, ela contribui para a análise e a solução dos problemas sociais e da humanidade à luz do Evangelho.

Capítulo 3

Atividades de autoavaliação

1. b
2. d
3. d
4. b
5. d

Atividades de aprendizagem

Questões para reflexão

1. A Doutrina Social da Igreja considera o comprometimento e a participação na sociedade como uma dimensão substancial da fé cristã e implícita a ela. A Doutrina Social da Igreja ilumina nosso olhar sobre o mundo, sobre as questões sociais, levando em conta as circunstâncias históricas da realidade que nos cerca sob a ótica dos princípios cristãos e dos valores do Evangelho.
2. Algumas referências bíblicas que podem ser citadas: Mateus 5,1-12; Mateus 7,12; Marcos 12, 28-31; Marcos 16, 15-18; Lucas 1,46-55; Lucas 15,11-31; João 6,5-14; João 13,1-17.

Capítulo 4

Atividades de autoavaliação

1. a
2. a
3. c
4. c
5. d

Atividades de aprendizagem

Questões para reflexão

1. A Doutrina Social da Igreja apresenta uma relação de reciprocidade entre princípios e valores. Os valores requerem a prática dos princípios fundamentais da vida social e o exercício pessoal das virtudes, como atitudes morais correspondentes aos valores mesmos. Em síntese, os princípios correspondem aos valores e vice-versa e, reciprocamente, corroboram, na prática, o ensinamento social da Igreja.
2. Com base no Evangelho e nos ensinamentos de Jesus e do Magistério da Igreja, não se justifica que, como cristãos católicos, nos fechemos em nós mesmos, uma vez que somos chamados a promover e progredir no amor de Deus, dando testemunho público e profético na sociedade da mensagem salvífica do Evangelho.

Capítulo 5

Atividades de autoavaliação

1. b
2. a
3. a
4. c
5. c

Atividades de aprendizagem

Questões para reflexão

1. Promover o bem comum, no aspecto econômico, é pensar e agir de fato em prol das pessoas e de sua salvação. Proporcionar condições dignas de vida exige considerar concretamente as questões econômicas, principalmente no que diz respeito aos injustiçados, manipulados e prejudicados pelas ações ou omissões dos detentores de poder.
2. No cenário social marcado pelo individualismo, pelo consumismo e pela competitividade, pensar e agir em vista do bem comum é realmente um testemunho autêntico de fé, pois o Evangelho nos ensina o valor da caridade, da comunidade e do amor ao próximo, que rompe com a lógica de mercado. O ensinamento social da Igreja deve ser aprendido e assimilado como elemento fundamental da fé cristã.

Capítulo 6

Atividades de autoavaliação

1. a
2. a
3. b
4. c
5. b
6. c

Atividades de aprendizagem

Questões para reflexão

1. Uma vez que a política consiste em administrar o bem comum como um serviço público, são muitas as aspirações para a cidade, o estado e o país de cada um. Contudo, sabemos que saúde e educação de qualidade são metas necessárias para o futuro da nação, assim como empregabilidade, previdência, políticas públicas etc.

2. A questão da mulher é considerada pela Igreja em seu âmbito antropológico e social. O princípio bíblico da dignidade humana é conferido tanto ao homem quanto à mulher. Não se trata de negar a diferença biológica entre ambos, mas de afirmar a igualdade no acesso aos direitos e ao reconhecimento comum da dignidade dos indivíduos de ambos os sexos. O Papa João Paulo II, nas catequeses sobre a teologia do corpo, e o Papa Francisco, na exortação apostólica *Amoris Laetitia*, apresentam o dom da reciprocidade e da aliança, que marca a relação entre homem e mulher, a fim de superarmos uma visão estreita sobre o ser humano.

Sobre a autora

Larissa Fernandes Menegatti é bacharel em Teologia pela Faculdade Católica de Santa Catarina (Facasc), com validação pela Pontifícia Universidade Católica do Paraná (PUCPR); mestre em Teologia, com ênfase em Teologia Moral, pela PUCPR e doutoranda em Teologia Moral pela Accademia Alfonsiana de Roma, da Pontifícia Universidade Lateranense. Atua como missionária, desde 1998, pela Comunidade Arca da Aliança. É membro da Sociedade de Teologia e Ciências da Religião (Soter) e da Sociedade Brasileira de Teologia Moral (SBTM). É professora-consultora do Setor Universidades da Conferência Nacional dos Bispos do Brasil (CNBB), membro do Grupo de Pesquisa em Teologia e Bioética da PUCPR (desde 2014) e assistente de Pastoral, na Faculdade Padre João Bagozzi (desde 2014). É professora e conteudista da disciplina de Doutrina Social da Igreja no Centro Universitário Internacional Uninter e professora na Faculdade Padre João Bagozzi.

Impressão:
Março/2018